ERFINDER!

DIE GROSSARTIGSTEN GENIES ALLER ZEITEN

DEBORAH KESPERT

ERFINDER!

DIE GROSSARTIGSTEN GENIES ALLER ZEITEN

INHALT

PIONIERE

6	**GROSSE ERFINDUNGEN**	Übersicht
8	**GROSSARTIGE MASCHINEN**	Archimedes
12	**VORHERSAGE VON ERDBEBEN**	Zhang Heng
16	**MECHANISCHE WUNDER**	Al-Dschazari
20	**KONSTRUKTIONEN DER ZUKUNFT**	Leonardo da Vinci

KOMMUNIKATION

26 **BÜCHER FÜR ALLE**
Johannes Gutenberg

30 **ERFINDUNG DES TELEFONS**
Alexander Graham Bell und Elisha Gray

34 **GEBURT DES KINOS**
Louis und Auguste Lumière

38 **DRAHTLOS ÜBER DEN OZEAN**
Guglielmo Marconi

42 **FASZINATION FERNSEHEN**
John Logie Baird

46 **ENTSCHLÜSSELTE GEHEIMNISSE**
Alan Turing

50 **ERFINDUNG DES WEB**
Tim Berners-Lee

TECHNIK

54   **REVOLUTION DAMPFMASCHINE**
James Watt

58   **LICHT FÜR DIE WELT**
Thomas Edison

62   **TESLAS TRANSFORMATOR**
Nikola Tesla

66   **HERSTELLUNG VON KEVLAR**
Stephanie Kwolek

TRANSPORT

70   **ANFÄNGE DES AUTOS**
Carl und Bertha Benz

74   **TRAUM VOM FLIEGEN**
Wilbur und Orville Wright

WELTRAUM

80   **BLICK IN DIE FERNE**
Hans Lippershey

84   **KLANG DES WELTRAUMS**
Karl Jansky

88   **AUFBRUCH INS ALL**
Wernher von Braun

92   **INSPIRIERENDE ERFINDUNGEN**
Weitere große Ideen

94   Glossar und Register

96   Impressum

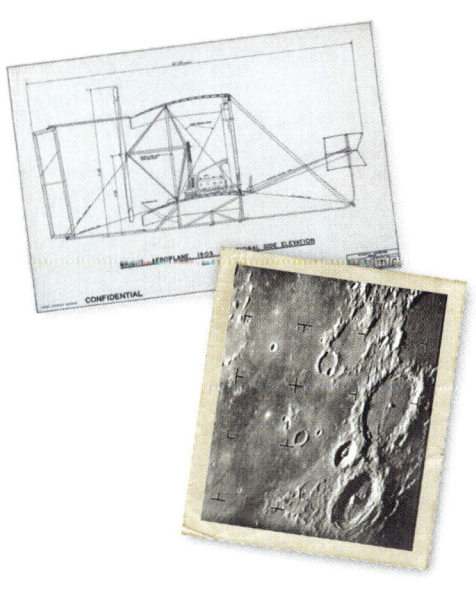

GROSSE ERFINDUNGEN

Von alters her haben die Menschen Dinge erfunden, die das Leben erleichtern. Hier eine Übersicht über einige großartige Erfindungen, die teilweise auch unser heutiges Leben noch beeinflussen.

CA. 3500 V. CHR.
Rad
In Mesopotamien, nahe dem heutigen Irak, bauen die Sumerer erste Wagen mit Rädern.

3000 V. CHR.
Hebel
Hebel werden vermutlich erstmals im Alten Ägypten eingesetzt. Damit können schwere Dinge leichter bewegt werden.

2300 V. CHR.
Abakus
Die Sumerer erfinden ein Hilfsmittel zum Rechnen. Das Rechnen erfolgt beim Abakus durch das Bewegen von Kugeln auf Stangen.

CA. 240 V. CHR.
Archimedische Schraube
Archimedes baut eine Konstruktion, mit der Wasser den Berg hinaufbefördert werden kann. Sie wird bis heute benutzt.

200 V. – 200 N. CHR.
Kompass
Die Chinesen entdecken einen magnetischen Stein, der nach Süden zeigt. Im 13. Jahrhundert entwickeln sie daraus einen Kompass.

CA. 1439
Druckerpresse
Johannes Gutenberg baut die erste Druckerpresse mit beweglichen Lettern. Bücher können einfacher und günstiger hergestellt werden.

1608
Fernrohr
Hans Lippershey beschreibt ein Fernrohr, das der Astronom Galileo Galilei später verbessert und zur Beobachtung des Weltraums nutzt.

Fernrohr

1752
Blitzableiter
Benjamin Franklin erfindet den Blitzableiter, der die elektrische Spannung beim Blitzeinschlag in die Erde leitet.

1765
Dampfmaschine
James Watt baut eine leistungsfähige Dampfmaschine, mit der Maschinen angetrieben werden können.

1885
Auto
Carl Benz baut das erste praktisch nutzbare Auto. Drei Jahre später zeigt seine Frau Bertha die Erfindung in der Öffentlichkeit.

Auto

1895
Kino
Die Brüder Lumière bauen einen Apparat, der bewegte Bilder aufnehmen und projizieren kann. Das ist die Geburtsstunde des Kinos.

Kinematograph

1901
Drahtlose Telegrafie
Guglielmo Marconi überträgt mithilfe des drahtlosen Telegrafen eine Nachricht über eine große Entfernung.

1939
Turing-Bombe
Alan Turing konstruiert in Kriegszeiten eine komplizierte Maschine zum Entschlüsseln von Nachrichten. Später baut er den ersten Computer.

1964
Personal Computer
Pier Giorgio Perotto stellt den Personal Computer vor. Vorher waren Computer so groß wie Lkws.

Personal Computer

1965
Kevlar
Stephanie Kwolek erfindet Kevlar, ein Material, das fünfmal fester ist als Stahl. Es wird für feuerfeste und kugelsichere Kleidung verwendet.

1969
Rakete Saturn V
Astronauten starten mit Wernher von Brauns Wunder der Ingenieurskunst, der Rakete Saturn V, zum Mond.

Erklärung der Zeitleiste

Die Farben zeigen, um welche Art von Erfindung es sich handelt. Ein Pionier ist ein Erfinder, der in einem ganz neuen Wissensgebiet arbeitet.

Die Abkürzungen „v. Chr." und „n. Chr." beziehen sich auf die Zeitrechnung vor bzw. nach Christus. Die Abkürzung „ca." bedeutet „circa", also ungefähr.

 PIONIERE

 KOMMUNIKATION

 TECHNIK

 TRANSPORT

 WELTRAUM

105 — Papier
In China stellt Tsai Lun Papier her, indem er Lumpen und Pflanzenfasern zu einem Brei vermischt, daraus Blätter presst und diese trocknet.

132 — Seismoskop
Zhang Heng baut einen Apparat zur Vorhersage von Erdbeben. Wenn ein Erdbeben stattfindet, macht dieser ein Geräusch.

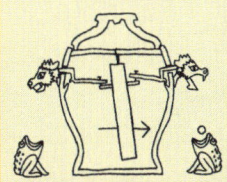
Seismoskop

CA. 800–900 — Schießpulver
Die Chinesen entwickeln das Schießpulver. Sie nutzen es für Feuerwerke, Raketen und Waffen.

CA. 1200 — Elefantenuhr
Al-Dschazari baut eine Wasseruhr, um die Zeit zu messen. Wasseruhren gab es schon vorher, aber seine Konstruktion ist ein Meisterwerk.

1783 — Heißluftballon
Der Heißluftballon der Brüder Montgolfier startet mit Passagieren an Bord. Es ist das erste Mal, dass Menschen erfolgreich fliegen.

1829 — Dampflokomotive
George und Robert Stephenson bauen Rocket, die schnellste Lokomotive ihrer Zeit. Die Bedeutung der Eisenbahn nimmt zu.

1876 — Telefon
Alexander Graham Bell und Elisha Gray melden die Erfindung des Telefons als Patent an. Das Telefonieren wird die neue Art der Kommunikation.

Telefon

1879 — Glühbirne
Thomas Edison baut eine praktisch verwendbare Glühbirne mit langer Brenndauer und ermöglicht die Stromversorgung im großen Stil.

1903 — Flugzeug
Die Brüder Wright unternehmen den ersten Flug mit einem motorgetriebenen Flugzeug.

Flugzeug

1926 — Fernsehen
John Logie Baird baut ein Fernsehgerät und präsentiert es der Öffentlichkeit. Er trägt dazu bei, das Fernsehen populär zu machen.

1933 — Radioteleskop
Karl Jansky baut eine Antenne, die Radiowellen empfängt und Signale aus dem Weltraum entdecken kann.

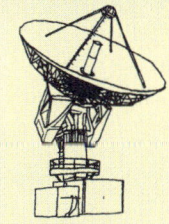
Radioteleskop

1973 — Mobiltelefon
In den USA macht Martin Cooper den ersten Anruf mit einem tragbaren Telefon. Ab Mitte der 1990er-Jahre werden Handys populär.

1991 — World Wide Web
Tim Berners-Lee erfindet das World Wide Web. Es verändert die Art, wie wir Informationen austauschen

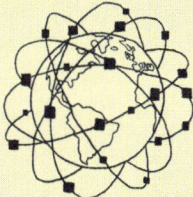
World Wide Web

2012 — PillCam
PillCam ist eine winzige Kamera, die wie eine Pille aussieht und geschluckt wird. Damit wird das Innere des Körpers untersucht.

2014 — DNA-Toolkit
Chris Toumazou findet eine Technik, Krankheiten vorherzusagen. Die Analyse erfolgt mithilfe eines USB-Sticks.

GROSSARTIGE MASCHINEN

DIE IDEE	❯❯ Ein einfaches Gerät entwickeln, dass Wasser aus einem Schiff herauspumpen kann.
PROBLEME Hatte nur einfache Hilfsmittel zur Verfügung, lebte in kriegerischen Zeiten.	**WAS** **ARCHIMEDISCHE SCHRAUBE** **WER** Archimedes **WO** Syrakus, eine antike griechische Stadt im heutigen Sizilien **WANN** 3. Jahrhundert v. Chr. **WIE** vermutlich durch die Verbesserung ähnlicher Geräte **WARUM** um das Wasser aus dem Inneren eines Schiffs zu pumpen
HINTERGRUND	Archimedes studierte vermutlich in Ägypten. Als er zurückkam, arbeitete er am Hof des Königs Hieron II. in Syrakus. Er war wie besessen von seinen Ideen und machte brillante Erfindungen.

ERFINDUNG ❶
Erfand die archimedische Schraube, die heute noch benutzt wird.

LEISTUNG ❷
Löste viele mathematische Probleme auch mithilfe der Geometrie.

ERFINDUNG ❸
Baute Waffen, um seine Stadt zu verteidigen.

NAME: Archimedes
GEBOREN: um 287 v. Chr.
GESTORBEN: mit etwa 75 Jahren
NATIONALITÄT: griechisch
BERUF: Ingenieur, Mathematiker
BERÜHMT für: den Ausspruch „Heureka!" („Ich habe es gefunden!")

→ Archimedes verwendete vermutlich Modelle, um zu erforschen, wie Dinge funktionieren. Hier sieht man Modelle von Flaschenzügen und Hebeln.

PIONIERE

GROSSARTIGE MASCHINEN

>> **König Hieron II. von Syrakus hatte ein Problem. Konnte Archimedes es lösen?**

Archimedes war einer der berühmtesten Mathematiker und Erfinder der Antike. Er entwickelte den Flaschenzug, mithilfe dessen schwere Gegenstände gehoben werden können. Außerdem formulierte er die Hebelgesetze. Er war angeblich so besessen von seiner Arbeit, dass er sogar das Essen vergaß. Auch wenn wir heute nicht mehr feststellen können, ob all diese Geschichten wahr sind, wissen wir doch, dass seine brillanten Problemlösungen die Wissenschaft nachhaltig beeinflusst haben.

>> GEWUSST WIE!

WASSERSCHRAUBE BAUEN

Du brauchst: ein Plastikrohr, einen durchsichtigen Schlauch, zwei Schüsseln, Wasserfarbe, Bücher, Klebeband

① Fülle eine Schüssel mit Wasser und färbe es ein.

② Platziere die andere Schüssel auf den Büchern.

③ Wickle den Schlauch um das Plastikrohr und klebe beides zusammen.

④ Lege das eine Ende des Rohrs in die Schüssel mit Wasser, das andere über die leere Schüssel.

⑤ Drehe das Rohr: Das Wasser steigt!

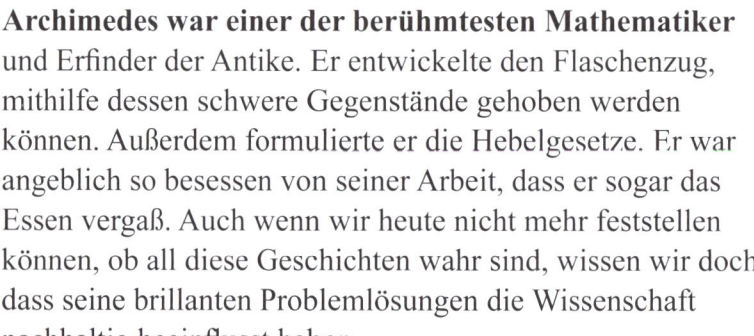

↑ Das Innere der archimedischen Schraube.

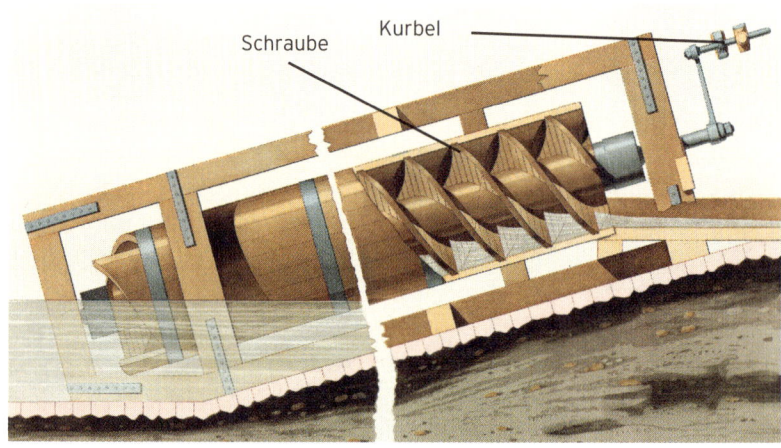

↑ Diese moderne Version der archimedischen Schraube ist Teil einer Pumpanlage in den Niederlanden. Sie entwässert Land, das unterhalb des Meeresspiegels liegt. Die Niederländer haben auf diese Weise viel Land gewonnen.

Eine Geschichte berichtet davon, wie Archimedes seine berühmte archimedische Schraube erfunden hat. König Hieron II. von Syrakus wollte ein riesiges Schiff für 600 Soldaten bauen. Niemand hatte jemals ein so großes Schiff gebaut. Wie sollte es nach dem Bau ins Wasser gelangen? Archimedes wusste die Antwort: Er baute das Schiff mit dem Namen Syracusia und ließ es mithilfe eines komplizierten Systems von Hebeln und Flaschenzügen zu Wasser. Aber das Wasser drang durch den Rumpf des hölzernen Schiffs. Archimedes löste das Problem mit einer „Wasserschraube": Das war eine Schraube mit einer Kurbel, die in einem Rohr angebracht war. Wenn man an der Kurbel drehte, wurde das Wasser aus dem Inneren des Schiffs nach oben befördert, sodass es wieder ins Meer fließen konnte.

GEFAHR! Archimedes lebte in gefährlichen Zeiten. Er starb bei der Belagerung von Syrakus, obwohl es den Befehl gab, ihn am Leben zu lassen.

Schon in der Antike nutzen Bauern ähnliche Geräte, um dass Wasser aus Flüssen auf ihre Felder zu leiten. Archimedes hat das möglicherweise beobachtet und daraus seine eigene archimedische Schraube entwickelt. Mehr als 2.000 Jahre später ist seine Erfindung immer noch von Bedeutung. Moderne Ausführungen der archimedischen Schraube helfen zum Beispiel, Überschwemmungen zu verhindern und Abwässer abzupumpen.

Ein weiteres Problem, für das Archimedes eine Lösung gefunden hat, ist die Messung des Rauminhalts von Gegenständen. Eine Geschichte berichtet davon, dass er seine Methode in einem öffentlichen Bad entdeckt hat. Er bemerkte, dass er einen Gegenstand in eine voll gefüllte Badewanne fallen lassen und dann dessen Volumen anhand der Menge des Wassers messen konnte, dass über den Rand der Wanne lief. Er soll so begeistert von seiner Entdeckung gewesen sein, dass er sofort aufsprang und nackt auf die Straße lief!

↑ Der Legende nach hat Archimedes „Heureka" („Ich habe es gefunden!") gerufen, als er aus dem Bad sprang. Auch wenn das nicht unbedingt wahr sein muss, so wird der Ausdruck doch heute noch benutzt.

EXTRA

GEFÄHRLICHE WAFFEN

Antike Schriftsteller behaupten, dass Archimedes mächtige Kampfmaschinen entwickelt hat.

Die **archimedische Kralle** war ein riesiger Kran mit einem Haken am Ende. Der Haken hob Schiffe aus dem Wasser und lies sie kentern.

Archimedes hat zwar das **Katapult** nicht erfunden, aber es wird berichtet, dass er es so verbessert hat, dass es große Steine weit schleudern konnte.

Einer Legende zufolge war der **archimedische Todesstrahl** eine Anordnung von Spiegeln, die das Licht der Sonne so reflektierte, dass es Schiffe in Brand setzen konnte.

VORHERSAGE VON ERDBEBEN

DIE IDEE	❯❯ Ein Gerät entwickeln, dass Erdbeben vorhersagen kann
PROBLEME Niemand glaubte, dass man Erdbeben vorhersagen könnte.	**WAS** SEISMOSKOP **WER** Zhang Heng **WO** China **WANN** etwa 132 n. Chr. **WIE** war sehr geschickt im Umgang mit der Mechanik **WARUM** war fasziniert von der Erde und dem Weltall
HINTERGRUND	Zhang Heng lebte während der Han Dynastie (206 v. bis 220 n. Chr.). Er arbeitete für die Regierung als Chefastronom und war nebenher Dichter. Zu dieser Zeit war China weit fortgeschritten.

ERFINDUNG ❶
Entwickelte einen Globus, der die Bewegung der Planten zeigte.

LEISTUNG ❷
Fand heraus, dass der Mond keine eigene Lichtquelle hat.

ERFINDUNG ❸
Baute ein Seismoskop, dass ein Geräusch machte, wenn die Erde bebte.

NAME: Zhang Heng
GEBOREN: um 78 n. Chr.
GESTORBEN: im Alter von 61
NATIONALITÄT: chinesisch
BERUF: Astronom, Mathematiker
BERÜHMT FÜR: einer der angesehensten Wissenschaftler Chinas, der viel erfunden hat

→ Zhang Heng betrachtet sein Seismoskop: Wenn die Erde bebte, fiel eine Metallkugel aus dem Mund eines Drachens und landete mit einem lauten Geräusch im Maul eines der Frösche.

VORHERSAGE VON ERDBEBEN

↑ Heng's Wagen war mit einer Figur ausgestattet, die etwa alle 500 m auf eine Trommel schlug. Anhand der Anzahl der Trommelschläge konnte man die zurückgelegte Entfernung messen.

▶▶ GEWUSST WIE!

Stärke von Erdbeben messen

Es gibt viele Systeme, um die Stärke von Erdbeben zu messen. Die Mercalliskala beschreibt das Ausmaß der Zerstörung, die verursacht wird.

I	unmerklich
II	merklich, keine Zerstörung
III-IV	Gegenstände bewegen sich in Innenräumen
V-VI	leichte Zerstörung
VII-VIII	schwere Zerstörung
IX-X	Brücken stürzen ein
XI-XII	fast alles zerstört

▶▶ Was für ein Wunderwerk wollte Zhang Heng dem Kaiser zeigen?

Als Zhang Heng dem Kaiser sein Gerät zur Erdbebenvorhersage vorführte, hatte er sich bereits einen Namen als großartiger Erfinder gemacht. So hatte er einen Globus erfunden, der die Bewegungen der Planeten und Sterne zeigte, die Konstruktion von Wasseruhren verbessert und einen Wagen gebaut, der die Entfernung messen konnte, die er zurückgelegt hat.

Seine neuste Erfindung sah aus wie eine Vase mit daran befestigten Drachenköpfen und darunter aufgestellten Fröschen. Im Inneren befand sich ein Pendel, welches sich bewegte, wenn die Erde zu beben begann. Dadurch wurde eine Kugel aus einem der Drachenköpfe in das Maul eines der Frösche geworfen. Je nachdem, auf welcher Seite die Kugel herausfiel, konnte man vorhersagen, aus welcher Richtung das Erdbeben kam.

Im alten China fürchteten sich die Menschen sehr vor Erdbeben und glaubten, sie seien eine Bestrafung des Himmels. Heute wissen wir, dass ein Erdbeben durch die Bewegung der Platten verursacht wird, auf denen die Kontinente und Ozeane sich befinden.

↑ Viele moderne Gebäude, wie diese Wolkenkratzer in Taiwan, sind so konstruiert, dass sie einem Erdbeben standhalten.

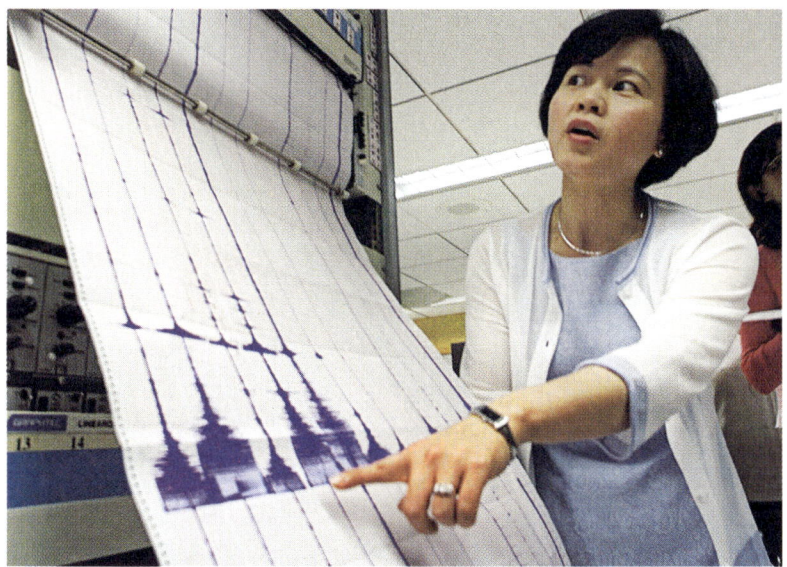

↑ Diese Wissenschaftlerin zeigt auf den Ausdruck eines modernen Seismografen. Die Ausschläge zeigen starke Vibrationen an.

Als Zhang Heng den Apparat das erste Mal vorführte, wurde der Mechanismus ausgelöst. Aber niemand spürte das Beben und seine Gegner sagten, das Gerät würde nicht funktionieren. Erst einige Tage später erschien ein Bote, der berichtete, dass es in 500 km Entfernung tatsächlich ein Erdbeben gegeben habe, und zwar genau in der Richtung, die das Seismoskop angezeigt hat.

Vorhersagen konnte Zhang Hengs Apparat ein Erdbeben aber nicht, das ist bis heute sehr schwierig. Inzwischen verfügen wir aber über sogenannte Seismografen, die die Bewegungen der Erdoberfläche aufzeichnen. Wenn diese Bewegungen stärker werden, deutet dies darauf hin, das ein Erdbeben bevorstehen könnte.

Auch wenn Zhang Hengs Seismoskop aus heutiger Sicht einfach erscheint, so war es doch revolutionär für seine Zeit.

GEFAHR! Viele Erdbeben haben China erschüttert, darunter das tödlichste Erdbeben aller Zeiten. Es fand 1556 statt und es starben 800.000 Menschen.

EXTRA

ERFINDUNGEN IN CHINA

Im alten China wurden viele Dinge entwickelt, die wir heute noch benutzen.

Zwischen 200 v. und 200 n. Chr. wurde der erste **Kompass** gebaut. Es war eine Art Löffel aus magnetischem Gestein, dessen Griff nach Süden zeigte.

Zwischen 800 und 900 n. Chr. erfanden die Chinesen das **Schießpulver**. Damit war es möglich, Schusswaffen und Raketen zu betreiben.

Alte chinesische Schriften zeugen davon, dass damals **Drachen** zur Übermittlung von Nachrichten, zum Messen von Entfernungen und zum Ermitteln der Windstärke verwendet wurden.

MECHANISCHE WUNDER

DIE IDEE	» Eine Wasseruhr bauen, die die Zeit misst und für Unterhaltung sorgt.
PROBLEME Die Zeit genau messen; viele komplizierte Teile zusammenarbeiten lassen.	**WAS** ELEFANTENUHR **WER** al-Dschazari **WO** Diyarbakır, eine Stadt in der heutigen Türkei **WANN** um 1200 **WIE** verfügte über praktisches Denken und gute Vorstellungskraft **WARUM** um den Menschen zu zeigen, wann gebetet werden soll
HINTERGRUND	Al-Dschazari war ein muslimischer Erfinder, der während des Goldenen Zeitalters des Islams wissenschaftliche Entdeckungen machte. Er arbeitete 30 Jahre als Chefingenieur für ein islamisches Herrscherhaus.

ERFINDUNG ❶
Baute komplizierte Wasseruhren mit Zahnrädern, Hebeln und Kurbeln.

LEISTUNG ❷
Schrieb ein Buch mit Konstruktionsplänen einer Vielzahl mechanischer Geräte.

ERFINDUNG ❸
Erfand mechanische Geräte, die als Automaten bezeichnet werden.

NAME: al-Dschazari
GEBOREN: 1136
GESTORBEN: mit etwa 70 Jahren
NATIONALITÄT: kurdisch/arabisch
BERUF: Ingenieur, Künstler
BERÜHMT FÜR: bahnbrechender islamischer Erfinder

→ Im Inneren von al-Dschazaris mechanischem Elefanten befindet sich eine Wasseruhr. Die Funktionsweise beschreibt er in seinem Buch.

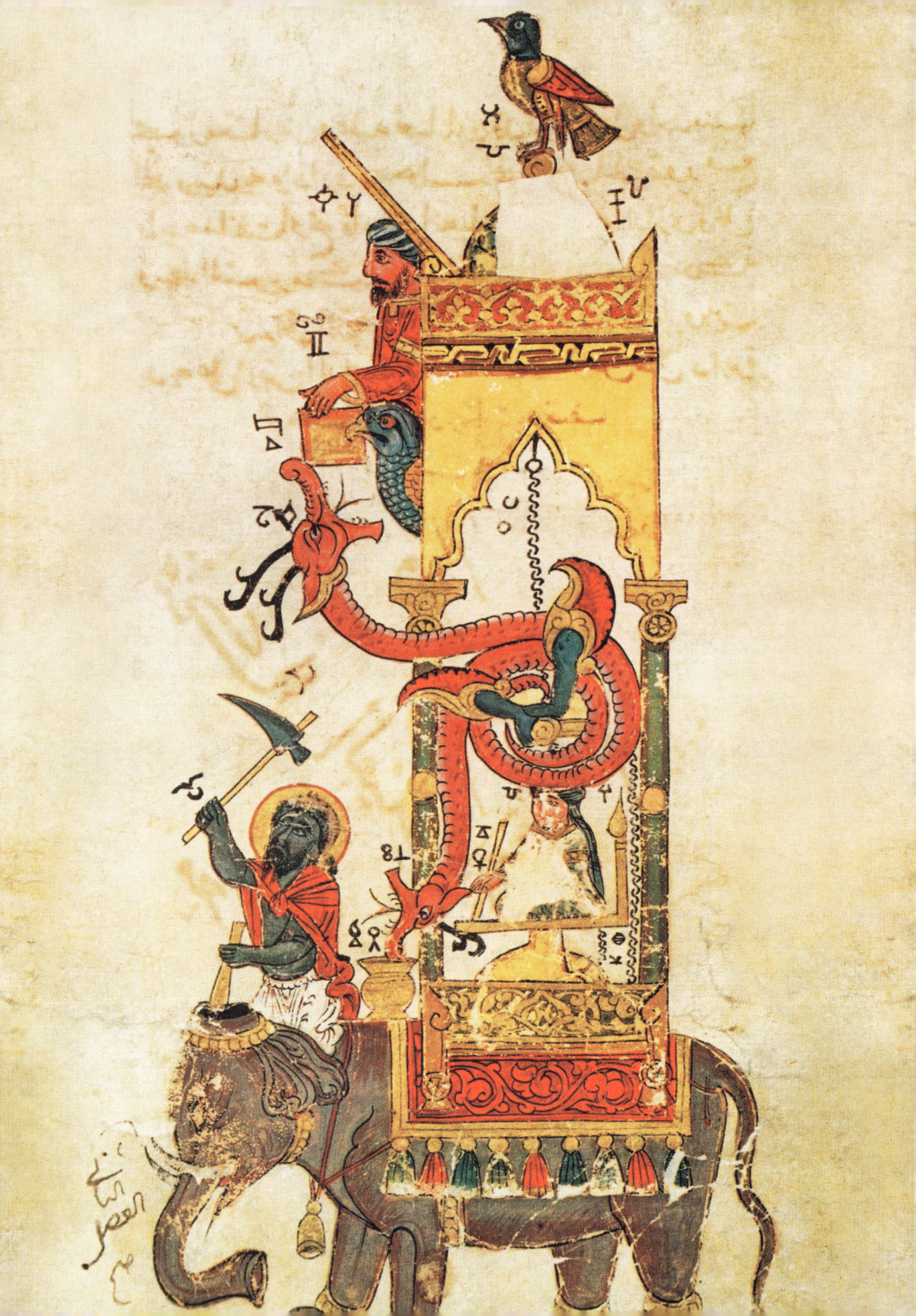

MECHANISCHE WUNDER

›› Al-Dschazari nahm einen Stift und verfasste sein Lebenswerk ...

Zu Beginn des 13. Jahrhunderts bat der Herrscher seinen leitenden Ingenieur al-Dschazari, ein Buch zu schreiben. Er sollte darin all die Maschinen beschreiben, die er in den vielen Jahren seiner Arbeit entwickelt hatte. Wir kennen das Buch heute als „Buch des Wissens von ideenreichen mechanischen Vorrichtungen".

Eine der kompliziertesten und nützlichsten Maschinen war die Elefantenuhr. Die Zeitanzeige der Uhr wurde von einer Schüssel bestimmt, die in einem Wassertank schwamm. Am Boden der Schüssel war ein Loch, sodass sie sich mit Wasser füllte und sank. Während die Schüssel zu Boden sank, betätigte sie ein System aus Flaschenzügen, die einen Schreiber mit einem Stift so bewegten, dass er die Minuten aufzeichnete. Wenn die Schüssel nach einer halben Stunde auf dem Boden des Tanks ankam, betätigte sie einen Hebelmechanismus. Dadurch fiel ein Ball aus dem Mund einer Schlange in eine Vase. Dies beförderte die Schüssel in ihre Ausgangsstellung und ließ gleichzeitig einen Reiter auf den Elefantenkopf schlagen und versetzte einen Vogel in eine Drehbewegung. Die Stunden wurden auf einer Skala angezeigt.

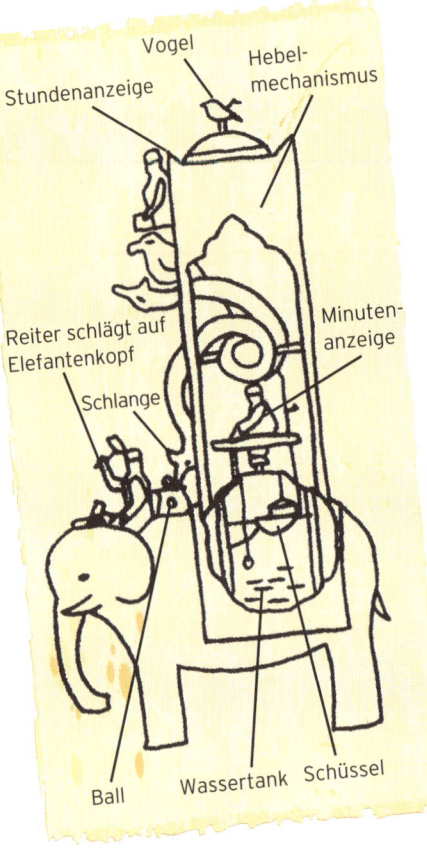
↑ Hier sieht man das Innere der Elefantenuhr.

↑ Diese Uhr war noch komplizierter als die Elefantenuhr: Jede Stunde öffneten sich automatisch die Türen und die Musiker spielten. Die Anzeige oben zeigte die Positionen von Mond und Sternen.

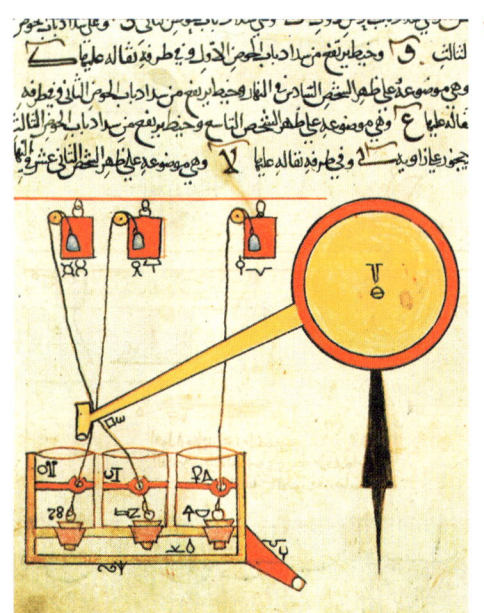
← Die Darstellungen in al-Dschazaris Buch sind so detailliert, dass man sie als Modelle nachbauen kann. Hier sieht man den Mechanismus in einer seiner Uhren.

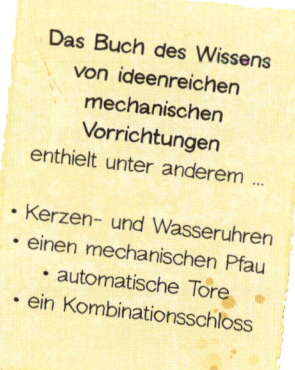
Das Buch des Wissens von ideenreichen mechanischen Vorrichtungen enthielt unter anderem ...

- Kerzen- und Wasseruhren
- einen mechanischen Pfau
- automatische Tore
- ein Kombinationsschloss

In der islamischen Welt beten die Menschen zu bestimmten Tageszeiten. Deshalb war die Elefantenuhr von besonderer Bedeutung. Al-Dschazari erfand weitere nützliche Maschinen, mit denen zum Beispiel Felder bewässert werden konnten. Andere seiner Erfindungen dienten der Unterhaltung, so etwa ein Boot mit automatischen Musikern und ein Roboter, der Getränke ausschenkte.

↑ Dies ist ein Modell von al-Dschazaris Saugpumpe. Sie wurde von einem Wasserrad angetrieben und saugte das Wasser durch die Rohre nach oben.

Kurbel mit Stiften

↑ Das Boot der Musiker besaß Stifte, die über Hebel die Musiker bewegten. Durch die Positionsveränderung der Stifte konnten die Musiker verschiedene Rhythmen spielen.

↑ Dieser mechanische Roboter konnte selbsttätig Getränke einschenken, was bei Festen der Unterhaltung diente.

Das Besondere an den Maschinen von al-Dschazari war ihre Funktionsweise. Er kombinierte Zahnräder, Hebel und Kurbeln miteinander wie niemand zuvor. Er war auch der Erste, der die Kurbelwelle beschrieben hat. Dieses einfache Gerät kann kreisförmige in gerade Bewegungen umwandeln und umgekehrt. Dieses Prinzip war entscheidend für die Erfindung der Dampfmaschine 500 Jahre später und wird heute noch in Motoren verwendet. Al-Dschazari erfand auch die erste bekannte Saugpumpe und einfache programmierbare mechanische Roboter.

Über das Leben von al-Dschazari ist wenig bekannt. Aber sein bemerkenswertes Buch der Erfindungen, das er kurz vor seinem Tod 1206 fertigstellen konnte, erinnert noch heute an den genialen Ingenieur.

↑ Heute können wir Roboter so programmieren, dass sie die verschiedensten Arbeiten verrichten. Robonaut 2 wird auf der Internationalen Raumstation (ISS) eingesetzt.

KONSTRUKTIONEN DER ZUKUNFT

DIE IDEE	Großartige Maschinen konstruieren, die den Menschen das Fliegen ermöglichen.
PROBLEME Ein Fluggerät vom Boden abheben lassen, bevor der Motor erfunden wurde.	**WAS** ORNITHOPTER UND HUBSCHRAUBER **WER** Leonardo da Vinci **WO** Vinci, ein Ort im heutigen Italien **WANN** 1480er-Jahre **WIE** studierte den Flug der Vögel **WARUM** war bereits als Kind wie besessen von der Idee des Fliegens
HINTERGRUND	Da Vinci war eigentlich Maler und wurde aufgrund seines außerordentlichen Talents schnell berühmt. Sein ganzes Leben lang füllte er unzählige Manuskripte mit Erfindungen.

ERFINDUNG ① Zeichnete Konstruktionspläne für Flugmaschinen.

LEISTUNG ② Einer der größter Künstler aller Zeiten.

ERFINDUNG ③ Zeichnete andere Erfindungen, wie ein U-Boot und einen Panzer.

NAME: Leonardo da Vinci
GEBOREN: 15.4.1452
GESTORBEN: im Alter von 67
NATIONALITÄT: florentinisch
BERUF: Künstler, Bildhauer, Architekt
BERÜHMT FÜR: sein Gemälde der Mona Lisa

→ Leonardo da Vinci in seinem Atelier. Zu seinen vielfältigen Interessen gehörten Malerei, Architektur, Studien der Erde und des menschlichen Körpers.

PIONIERE

KONSTRUKTIONEN DER ZUKUNFT

▶▶ Konnte da Vinci seinen Traum verwirklichen und ein Fluggerät bauen?

Im 15. Jahrhundert, als Leonardo da Vinci großartige Gemälde anfertigte, wollte er auch einen Traum verwirklichen: Er wollte ein Fluggerät bauen. Es wird erzählt, dass ein Vogel auf der Wiege des kleinen da Vinci gelandet sei und mit seinen Flügeln dessen Gesicht gestreichelt habe. Hat das vielleicht seinen Traum vom Fliegen beflügelt?

↑ 1503 begann da Vinci mit der Arbeit an der Mona Lisa. Es ist vermutlich das berühmteste Gemälde der Welt. Nur 15 seiner Gemälde sind noch erhalten.

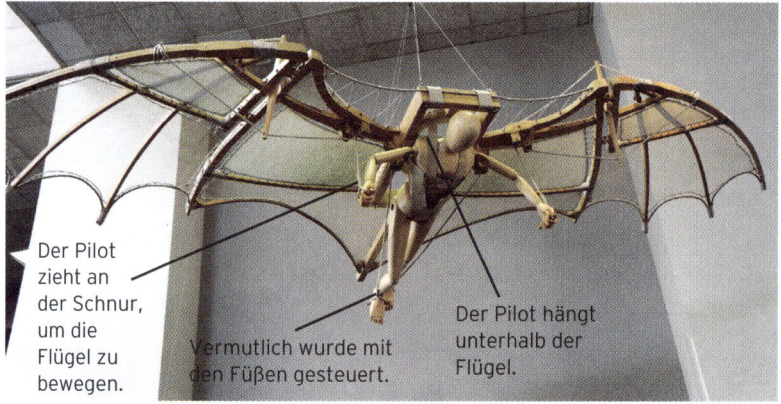

Der Pilot zieht an der Schnur, um die Flügel zu bewegen.

Vermutlich wurde mit den Füßen gesteuert.

Der Pilot hängt unterhalb der Flügel.

↑ Ein Modell von da Vincis Ornithopter, ausgestellt in Spanien. Die Flügel in da Vincis Skizzen waren inspiriert von Fledermäusen, Vögeln und Spielzeugdrachen.

SPIEGELSCHRIFT

In Spiegelschrift verfasste Texte sind rückwärts geschrieben und werden von rechts nach links gelesen.

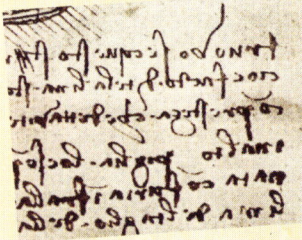

Um den Text unten lesen zu können, halte ihn vor einen Spiegel. In Spiegelschrift zu schreiben fällt Linkshändern wie da Vinci vermutlich leichter als Rechtshändern.

!EINEG NIE RAW ICNIV AD ODRANOEL

Viele Jahrzehnte studierte da Vinci den Flug der Vögel. Er hielt seine Beobachtungen auf Notizblättern fest, insgesamt fertigte er mehr als 500 Zeichnungen allein zu diesem Thema an. Auch viele andere Ideen schrieb er nieder, darunter Pläne für eine riesige Armbrust, ein U-Boot, einen Kampfroboter und die ideale Stadt der Zukunft. Am Ende seines Lebens hatte er über 13.000 Seiten beschrieben. Seine Notizen wurden zu seinen Lebzeiten nicht veröffentlicht. Dabei handelte es sich auch nicht um ein gebundenes Buch, sondern die Aufzeichnungen bestanden aus losen Seiten. Es war nicht einfach, sie zu lesen, da er seine Texte in Spiegelschrift verfasste, um seine Ideen geheim zu halten.

Leonardo da Vinci sagte:
„Wenn du einmal geflogen bist, wirst du auf der Erde immer die Augen zum Himmel gerichtet haben. Denn dort bist du gewesen und dort möchtest du wieder hin."

Als da Vinci starb, fielen seine Notizen an Freunde und Sammler. Erst 1966 wurden einige seiner Notizen in einem Museum ausgestellt. Eine von da Vincis Ideen für eine Flugmaschine war ein Apparat, der wie ein Vogel aussah und über Flügel verfügte, die von einem Menschen bewegt werden konnten. Heute nennen wir solche Geräte Ornithopter. Da Vinci entwickelte viele weitere Pläne für Ornithopter. In manchen Konstruktionen flogen die Menschen im Stehen, in anderen im Liegen. Bei einem Apparat hing die Person unterhalb der Flügel, die sie über Hebel mit Händen und Füßen zum Schlagen bringen konnte. Aber auch eine andere Flugmaschine wurde von da Vinci gezeichnet: Sie hatte oben einen Flügel, der sich drehte, und konnte senkrecht vom Boden abheben.

HILFE BENÖTIGT!

▶▶ GEWUSST WIE!

Geheime Nachricht schreiben

Du brauchst: Schüssel, Wasser, Backpulver, Wattestäbchen, Papier, Lampe

① Mische Backpulver und Wasser zu gleichen Teilen.

② Tauche das Wattestäbchen in die Mischung und schreibe etwas auf Papier. Wenn das Papier trocknet, wird die Schrift unsichtbar.

③ Halte das Papier an eine heiße Lampe, um die Schrift sichtbar zu machen.

↑ Ein moderner Hubschrauber hat oben meist vier Rotorblätter. Der Rotor am Heck verhindert, dass der Hubschrauber sich dreht.

Das war der erste Entwurf für einen Hubschrauber. Zu dieser Idee wurde er möglicherweise durch den Bergahorn inspiriert, dessen Samen wie ein Hubschrauber durch die Luft wirbeln, wenn sie herunterfallen – vielleicht aber auch von der Archimedischen Schraube (siehe S. 8–11). Funktionierende Hubschrauber wurden erst in den 1940er-Jahren in größeren Stückzahlen produziert. Das war 500 Jahre, nachdem da Vinci seine Zeichnung angefertigt hatte!

↑ Da Vincis Hubschrauber ist bekannt als „Luftschraube". Zwei Personen sollten die Kurbel betätigen, sodass die Schraube sich dreht und der Hubschrauber abheben kann.

KONSTRUKTIONEN DER ZUKUNFT

❯❯ Konnte da Vinci seinen Traum verwirklichen und ein Fluggerät bauen?

Leonardo da Vincis Fluggeräte waren sehr einfallsreich, hatten aber ein großes Problem: Sie waren zu schwer. Auch mit mechanischen Hilfsmitteln konnte ein Mensch nicht genug Kraft aufbringen, um sie zum Fliegen zu bringen. Außerdem hatte der Ornithopter viel zu große Flügel, als dass ein Mensch sie hätte bewegen können. Heutige Flugzeuge werden von leistungsstarken Motoren angetrieben, aber Motoren gab es damals nicht. Die Technologie, die da Vincis Fluggeräte hätte zum Fliegen bringen können, existierte noch nicht.

Ob da Vinci jemals versucht hat, seine Fluggeräte zu bauen, ist nicht bekannt. Vielleicht hat er Modelle angefertigt aus Materialien, wie sie zu seiner Zeit verfügbar waren, so zum Beispiel Holz für die Rahmen der Flügel und Pergament für die Flügel selbst. Es gibt Gerüchte, er habe im Geheimen einen Ornithopter getestet. Um 1505 schrieb er: „Der große Vogel wird auf dem Rücken des schwarzen Schwans zum ersten Mal fliegen." Aber die Wahrheit ist: Ein Flug mit seinem Ornithopter konnte nicht gelingen.

↑ So ein pyramidenförmiger Fallschirm taucht in da Vincis Notizen auf. 2008 hat ein Schweizer Fallschirmspringer die Konstruktion erfolgreich getestet.

↑ Es wird behauptet, dass da Vinci Tiere liebte und Vegetarier war. Auch heißt es, dass er Vögel in Käfigen kaufte, um sie freizulassen.

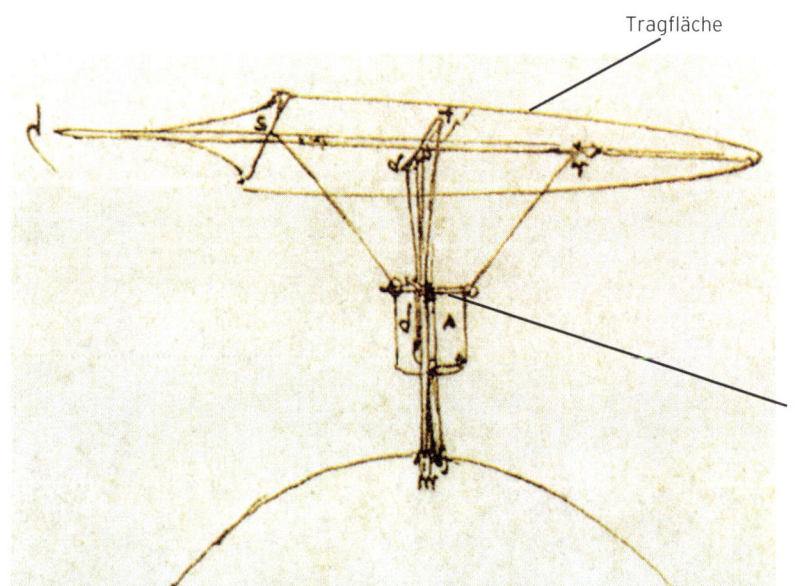

↑ Da Vincis Zeichnung eines Segelfluggeräts ähnelt einem modernen Hängegleiter, bei dem der Pilot unterhalb der Tragfläche hängt. 2002 wurde ein auf dieser Zeichnung basierendes Fluggerät erfolgreich getestet.

↑ Die Möglichkeiten des Fliegens werden immer weiterentwickelt. Das Foto zeigt einen Fallschirmspringer, der mit einem „Flügelanzug" durch die Luft fliegt.

Der Traum vom Fliegen ließ da Vinci keine Ruhe. Er verstand, dass seine Konstruktionen mehr Antriebskraft benötigten, und experimentierte mit Federn. Auch entwickelte er eine neue Flügelkonstruktion. Am Ende seines Lebens widmete er ein ganzes Notizbuch dem Fliegen. Es ist uns heute als „Kodex über den Vogelflug" bekannt. Darin beschreibt er zum Beispiel den Gleitflug der Vögel und erklärt, wie sie sich in der Luft halten. Er dachte über die Kräfte nach, die ein Flügel in der Luft entfaltet, und darüber, wie ein Pilot ein Flugzeug steuern könnte. Schließlich erkannte er, dass er eine leichtere Bauweise wählen musste und ein fester Flügel besser funktionieren würde als ein beweglicher. 400 Jahre später verwirklichten Orville und Wilbur Wright (siehe S. 74–79) ähnliche Ideen. Sie bauten das erste motorgetriebene Flugzeug und unternahmen damit den ersten erfolgreichen Flug.

Was, wenn da Vinci unseren heutigen Himmel sehen könnte? Er würde Hubschrauber sehen, die von der Verkehrslage berichten, und Passagierflugzeuge, die um die Welt reisen. Wie würde er sich fühlen, wenn er feststellte, dass sein Traum vom Fliegen am Ende Wirklichkeit geworden ist?

EXTRA

JEDE MENGE IDEEN

Da Vincis Notizen enthalten eine bunte Mischung aus Erfindungen und anderen Ideen.

Diese Konstruktion zeigt einen **Panzer**, der mit Kanonen ausgestattet ist. Er konnte in alle Richtungen fahren. Panzer wurden erstmals im Ersten Weltkrieg eingesetzt (1914-18).

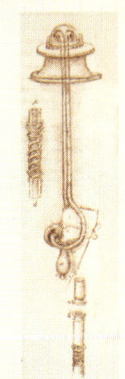

Da Vincis **Taucherausrüstung** bestand aus einer Atemmaske mit Schläuchen, die von einem Schwimmkörper an der Wasseroberfläche gehalten wurden.

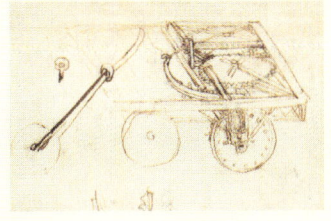

Da Vinci zeichnete ein **dreirädriges Fahrzeug**, das von Federn angetrieben wurde. Das war 400 Jahre, bevor das Auto erfunden wurde (siehe S. 70-73).

BÜCHER FÜR ALLE

DIE IDEE	» Erstmals in Europa Bücher drucken und damit jedermann Lesen und Lernen ermöglichen.
PROBLEME Musste sich viel Geld leihen; Idee wurde nachgemacht, er profitierte nicht davon.	**WAS** DRUCKERPRESSE **WER** Johannes Gutenberg **WO** Mainz **WANN** um 1439 **WIE** drucken mit einzelnen Metallbuchstaben **WARUM** wollte Bücher einfacher verfügbar machen
HINTERGRUND	Bevor Gutenberg den Buchdruck erfand, wurden Bücher von Hand abgeschrieben. Dadurch waren sie extrem teuer und selten. Nur Universitäten und reiche Leute besaßen Bücher.

ERFINDUNG ❶
Baute eine Druckerpresse, mit der Bücher einfacher hergestellt werden konnten.

LEISTUNG ❷
Machte Bücher und Informationen für jedermann verfügbar.

ERFINDUNG ❸
Entwickelte eine schnell trocknende Tinte auf Leinölbasis.

NAME: Johannes Gutenberg
GEBOREN: um 1398
GESTORBEN: im Alter von etwa 70
NATIONALITÄT: aus dem Erzbistum Mainz
BERUF: Metallhandwerker, Drucker
BERÜHMT FÜR: baute die erste Druckerpresse und druckte die Gutenberg-Bibel

→ In einem frühen Druckereibetrieb bedient ein Arbeiter die Presse und zwei Männer betrachten das Druckergebnis.

BÜCHER FÜR ALLE

›› Wie konnte Gutenberg das Leben der Menschen für immer verändern?

↑ Das berühmteste Buch, das Gutenberg gedruckt hat, war die Bibel. Der Text war auf Lateinisch und die Illustrationen handgemalt. Heute gibt es noch 48 Exemplare. Sie gehören zu den wertvollsten Büchern der Welt.

↑ Das sind Buchstaben und Zahlen für den Druck. So sehen sie seitenverkehrt aus, auf Papier gedruckt aber erscheinen sie richtig herum.

Bevor Gutenberg die Druckerpresse erfand, konnten nur sehr wenige Menschen lesen und schreiben. Die meisten sahen niemals auch nur ein einziges Buch. Informationen wurden nur mündlich weitergegeben und Neuigkeiten verbreiteten sich langsam. Mit der Erfindung der Druckerpresse hat sich alles verändert.

Gutenberg hatte drei brillante Ideen: Erstens baute er eine Weinpresse zu einer Druckerpresse um. Zweitens stellte er widerstandsfähige Buchstaben aus Metall her, die immer wieder verwendet werden konnten. Drittens entwickelte er eine dickflüssige Tinte, die an den Buchstaben haftete, schnell trocknete und das Papier nicht verschmierte. Niemand weiß genau, wie Gutenbergs Druckerpresse funktionierte. Vermutlich hat man die Seite Zeile für Zeile aus einzelnen Buchstaben zusammengestellt, so wie das beim Scrabble-Spiel geschieht. Danach wurden die Buchstaben wahrscheinlich mit Druckerfarbe versehen. Dann hat man vermutlich ein feuchtes Blatt Papier darauf platziert und schließlich das Papier mit der Druckerpresse auf die Buchstaben gedrückt.

HILFE BENÖTIGT!

›› GEWUSST WIE!

Kartoffeldruck

Du brauchst: Kartoffeln, Ausstechformen, Messer, Textilfarbe, Pinsel, festes Papier

① Schneide eine Kartoffel in zwei Hälften und drücke die Ausstechform in eine Hälfte.

② Beschneide die Kartoffel so, dass nur noch die ausgestochene Form übrig bleibt.

③ Pinsle deinen Stempel mit Farbe ein.

④ Drücke den Stempel auf das Papier.

Das Verfahren wurde bekannt als Buchdruck mit beweglichen Lettern. Bereits um 1058 n. Chr. kam der Erfinder Bin Sheng in China auf diese Technik. Er verwendete allerdings Buchstaben aus Ton, die leicht zerbrachen. Gutenberg hat dieses Verfahren verbessert und konnte die gleiche Seite schnell mehrfach vervielfältigen. Das machte Bücher preiswerter in der Herstellung.

Gutenbergs Leben war nicht einfach: Er musste sich Geld leihen, um seine Ideen zu verwirklichen, und wurde von seinem Geschäftspartner verklagt. Sein Geschäft endete mit Schulden und man hatte ihn vergessen, als er starb. Aber seine Erfindung wurde nicht vergessen. Im frühen 15. Jahrhundert gab es über 1.000 Druckereien in Europa. Bücher wurden nun nicht nur auf Lateinisch gedruckt und die Menschen lernten lesen. Viele Bücher befassten sich mit wissenschaftlichen Themen. Mit der Verbreitung von Informationen wurde der Einfluss der katholischen Kirche geringer und andere christliche Konfessionen gewannen an Bedeutung. Gutenberg hätte sich vielleicht gewundert, wenn er festgestellt hätte, was seine Erfindung alles in Bewegung setzte und dass sie die bedeutendste Erfindung der letzten 1.000 Jahre werden sollte.

↑ Dies ist eine Rekonstruktion von Gutenbergs Druckerpresse. Vorn auf der Presse liegt die Walze, mit der die Tinte aufgetragen wurde.

EXTRA

GESCHICHTE DES DRUCKENS

Schon immer wird versucht, Worte auf Tuch oder Papier zu drucken.

In China schnitzte man bereits im 7. Jahrhundert Wörter und Bilder in Holzblöcke, versah sie mit Farbe und stempelte damit auf Papier. Das nennt man **Holzschnitt**.

1844, also 400 Jahre nach Gutenberg, wurde das Drucken noch schneller. Beim sogenannten **Rotationsdruck** wird das Papier beim Druck zwischen zwei Rollen hindurchgeführt.

Heute lesen wir neben gedruckten Büchern auch **E-Books** oder finden Informationen im Internet. Werden wir auch in Zukunft Bücher drucken? Was meinst du?

ERFINDUNG DES TELEFONS

DIE IDEE	» Ein Gerät entwickeln, mit dem Menschen über große Entfernungen hinweg miteinander sprechen können.
PROBLEME Andere Erfinder arbeiteten an der gleichen Idee; lange und teure Gerichtsprozesse.	**WAS** TELEFON **WER** Alexander Graham Bell und Elisha Gray **WO** Massachusetts und Illinois, USA **WANN** 1876 **WIE** durch die Übertragung von Sprache über ein elektrisches Kabel **WARUM** um Nachrichten leichter zu verbreiten
HINTERGRUND	Vor der Erfindung des Telefons verwendete man die Telegrafie, um über große Entfernungen miteinander zu kommunizieren. Telegrafen konnten codierte Nachrichten über eine elektrische Leitung senden.

ERFINDUNG ❶
Bell und Gray bauten beide Telefone, aber Grays Gerät wurde selten verwendet.

LEISTUNG ❷
Bell und Gray gründeten Unternehmen, die das Telefon in der ganzen Welt verbreiteten.

NAME: Alexander Graham Bell
GEBOREN: 3.3.1847
GESTORBEN: im Alter von 75
NATIONALITÄT: schottisch
BERUF: Ingenieur, Lehrer
BERÜHMT FÜR: Erfinder des ersten Telefons, unterrichtete taube Menschen

NAME: Elisha Gray
GEBOREN: 2.8.1835
GESTORBEN: im Alter von 65
NATIONALITÄT: amerikanisch
BERUF: Ingenieur
BERÜHMT FÜR: Bells Rivale bei der Erfindung des Telefons, gründete ein Telefonunternehmen

→ Bell eröffnet die Telefonverbindung zwischen New York und Chicago im Jahr 1892. Seine Arbeit als Lehrer von tauben Menschen war der Grund für sein großes Interesse am Klang.

KOMMUNIKATION

ERFINDUNG DES TELEFONS

›› Wer hat den Wettlauf um die Erfindung des Telefons gewonnen?

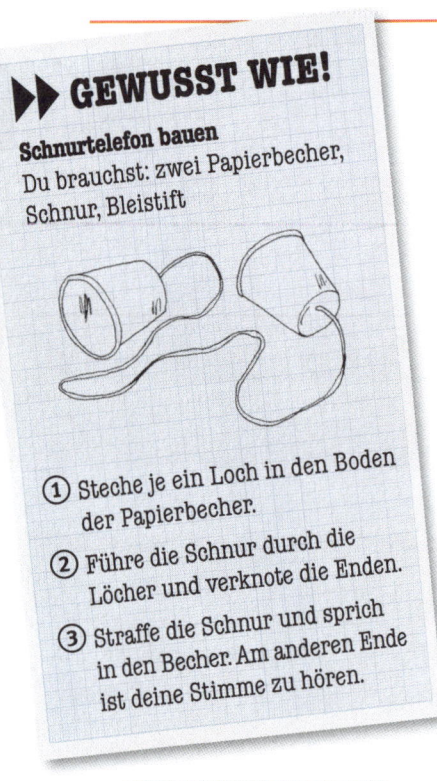

›› GEWUSST WIE!

Schnurtelefon bauen
Du brauchst: zwei Papierbecher, Schnur, Bleistift

① Steche je ein Loch in den Boden der Papierbecher.
② Führe die Schnur durch die Löcher und verknote die Enden.
③ Straffe die Schnur und sprich in den Becher. Am anderen Ende ist deine Stimme zu hören.

↑ Ein beeindrucktes Publikum beobachtet, wie Alexander Graham Bell seine neue Erfindung vorführt: das Telefon.

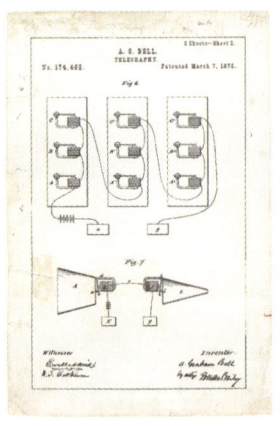

↑ Das ist eines der Dokumente, die Bell ins Patentamt schickte.

Während Alexander Graham Bell in einem Ort der USA bis spät in die Nacht forschte, tat Elisha Gray an einem 1.600 km entfernten Ort genau das Gleiche. Beide arbeiteten intensiv an einem Gerät, das die menschliche Stimme in elektrische Signale umwandeln und durch ein Kabel senden konnte, sodass sie am anderen Ende der Leitung zu hören war. Es handelte sich um das Telefon.

Keines der beiden Geräte war perfekt, als es zum Patent angemeldet wurde. Mit einem Patent kann ein Erfinder seine Idee davor schützen, dass sie von anderen kopiert wird. Niemand außer dem Inhaber des Patents darf das patentierte Gerät ohne Genehmigung herstellen oder verkaufen.

Viele Beteiligte
Es ist nicht immer leicht, den Erfinder eines Geräts zu benennen. All diese talentierten Wissenschaftler spielten eine Rolle bei der Erfindung und Weiterentwicklung des Telefons.

1854	1861	1865	1871
Charles Bourseul stellt fest, dass Klang elektrisch übertragen werden kann.	Johann Philipp Reis baut ein Gerät zur Übertragung von Sprache. Das Signal ist kaum verständlich.	Eine Beschreibung von Innocenzo Manzettis „sprechendem Telegrafen" erscheint in der Zeitung.	Antonio Meucci versucht das Telefon zu patentieren, aber ihm geht das Geld aus.

KOMMUNIKATION

Die zwei Erfinder zeichneten Pläne, die zeigten, wie ihre Apparate funktionieren. Am 14.2.1876 ging Bells Anwalt mit den Papieren zum Patentamt. Gray beeilte sich und reichte seine Unterlagen am gleichen Tag ein. Bells Antrag war der fünfte an diesem Tag, der von Gray der 39. Drei Wochen später, am 7.3.1876, erhielt Bell das Patent.

Aber das war noch nicht das Ende der Geschichte. Bell hatte bisher kein funktionierendes Telefon vorgeführt. Als er das tat, enthielt es ein Teil, das der Erfindung von Gray sehr ähnelte. Über Jahre wurde verhandelt, ob Bell das Patent zu Recht erhalten hatte. Jedes Mal urteilten die Gerichte für Bell. Dadurch wurde Bell als Erfinder des Telefons ein reicher Mann. Gray fuhr fort mit der Entwicklung von elektrischen Geräten und erhielt daraufhin viele andere Patente für seine Erfindungen.

↑ Elisha Gray eilte zum Patentamt, um Bell an der Patentierung des Telefons zu hindern. Er hoffte Zeit zu gewinnen, um zu beweisen, dass seine Erfindung die bessere sei.

← Bell nutzte dieses Telefon von 1877, um Königin Victoria seine Erfindung in England vorzuführen.

„Mr Watson, kommen Sie her, ich möchte Sie sehen", waren die ersten Worte, die Bell ins Telefon sprach.

↑ Telefone haben sich seit ihrer Erfindung sehr stark weiterentwickelt. Heute nutzen Millionen von Menschen Handys und Smartphones.

1876 (Februar)	1876 (März)	1876 (März)	1877	1877-78	1915
Bells Anwalt und Gray eilen mit ihren Erfindungen zum Patentamt.	Bell erhält das Patent für das Telefon.	Bell überträgt mit dem Telefon eine verständliche Nachricht an seinen Assistenten im Nebenraum.	Tivadar Puskás baut die erste Telefonvermittlung.	Thomas Edison erfindet ein Mikrofon, das die Klangqualität verbessert.	Bell macht den ersten Telefonanruf von New York in das 5.500 km entfernte Kalifornien.

GEBURT DES KINOS

DIE IDEE	» Eine magische Maschine bauen, die bewegte Bilder aufnehmen und abspielen kann.
PROBLEME Filmmaterial war leicht entzündlich und konnte schnell in Flammen aufgehen.	**WAS** KINEMATOGRAPH **WER** Louis und Auguste Lumière **WO** Lyon und Paris, Frankreich **WANN** 1895 **WIE** durch die Weiterentwicklung vorhandener Apparate **WARUM** um bewegte Bilder einem Publikum zu zeigen
HINTERGRUND	Die Brüder kannten frühere Entwicklungen, wie Thomas Edisons Kinetoskop und Léon Boulys Version des Kinematographen. Sie wollten diese Geräte verbessern.

NAME: Louis Lumière
GEBOREN: 5.10.1864
GESTORBEN: im Alter von 83
NATIONALITÄT: französisch
BERUF: Industrieller, Filmemacher
BERÜHMT FÜR: war mit seinem Bruder einer der ersten Filmemacher der Geschichte

ERFINDUNG ❶ Bauten den Kinematographen, der Filmkamera und Filmprojektor in einem Gerät vereinte.

LEISTUNG ❷ Veranstalteten die erste Filmvorführung vor einem Publikum.

NAME: Auguste Lumière
GEBOREN: 19.10.1862
GESTORBEN: im Alter von 91
NATIONALITÄT: französisch
BERUF: Industrieller, Filmemacher
BERÜHMT FÜR: die Entwicklung von Filmapparaten und das Filmemachen mit seinem Bruder.

→ Louis Lumière betrachtet einen Film aus Zelluloid. Dieses Material wurde von frühen Filmemachern verwendet. Wenn es heiß wurde, brach es in Flammen aus. Daher waren Brände im Kino keine Seltenheit.

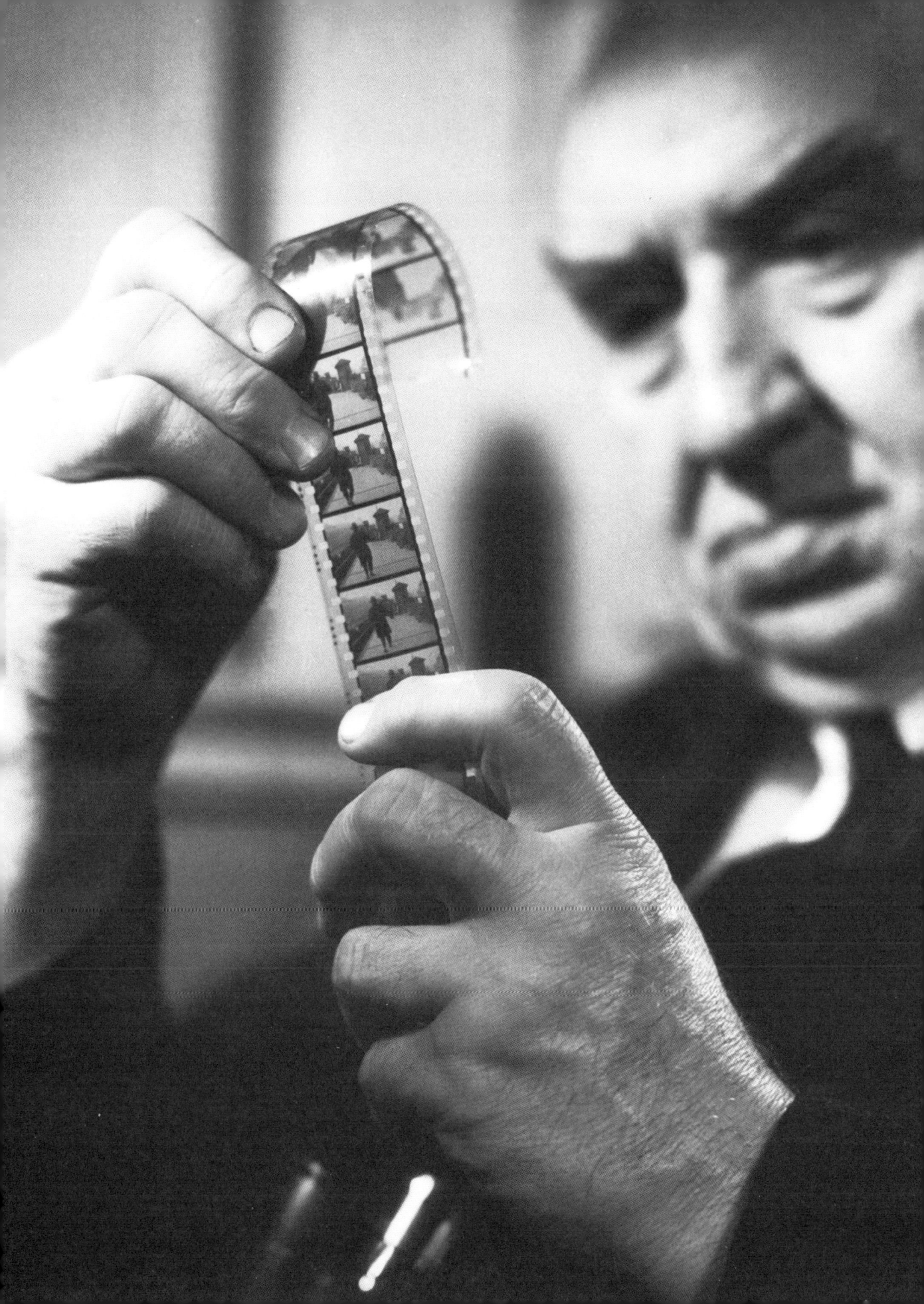

GEBURT DES KINOS

>> Wie konnten die Brüder Lumière ihre Erfindung funktionsfähig machen?

Louis Lumière lag gerade mit einer Grippe im Bett, als er die Lösung für ein Problem fand, das ihn seit Monaten beschäftigte. Das war im Dezember 1894. Er und sein Bruder Auguste arbeiteten an einer neuartigen Kamera. Sie konnte in schneller Folge viele Bilder aufnehmen und diese so wieder abspielen, dass sie sich zu bewegen schienen. Aber die Brüder wussten nicht, wie sie die Filmstreifen am besten durch die Kamera führen sollten. Da hatte Louis einen Geistesblitz. Er dachte daran, wie eine Nähmaschine den Stoff führt, und wollte dieses Prinzip auf seine Kamera übertragen.

Die Brüder kannten das Kinetoskop, einen Filmbetrachter, der bereits früher entwickelt worden war. Ihr Apparat hatte viele Vorteile: Er war kleiner und leichter und konnte beim Filmen herumgetragen werden. Außerdem konnte er die Bilder projizieren, sodass sie mehrere Personen gleichzeitig sehen konnten. Beim Kinetoskop konnte nur eine Person auf einmal den Film sehen.

↑ 1891 erfand Thomas Edison das Kinetoskop. Um die Bilder im Inneren des Kastens zu sehen, musste man durch ein Guckloch schauen.

↑ Dieses Bild stammt aus dem ersten Film der Brüder Lumière. Es ist eine kurze Dokumentation mit dem Titel „Arbeiter verlassen die Fabrik". Wenn du den Film sehen möchtest, kannst du im Internet danach suchen.

→ Ein Kinematograph mit einer Laterna magica. Durch deren Lichtquelle lassen sich die Bilder auf eine Leinwand oder an eine Wand projizieren.

Von der Fotografie zum Film	um 1826	1878	1882	1887
Es war ein großer Schritt von der Fotografie zur Aufnahme bewegter Bilder. Viele Erfindungen haben dazu beigetragen.	Joseph Niépce macht die erste Fotografie auf einer Metallplatte, aber sie verblasst schnell.	Eadweard Muybridge stellt 24 Kameras in einer Reihe auf und zeichnet damit eine Bewegung auf.	Étienne-Jules Marey baut eine Kamera, die 12 Bilder in der Sekunde aufnehmen kann.	Hannibal Goodwin entwickelt widerstandsfähiges Filmmaterial aus Zelluloid.

KOMMUNIKATION

↑ Dies ist vermutlich das erste Filmplakat der Geschichte. Es wirbt für eine Vorführung der Brüder Lumière.

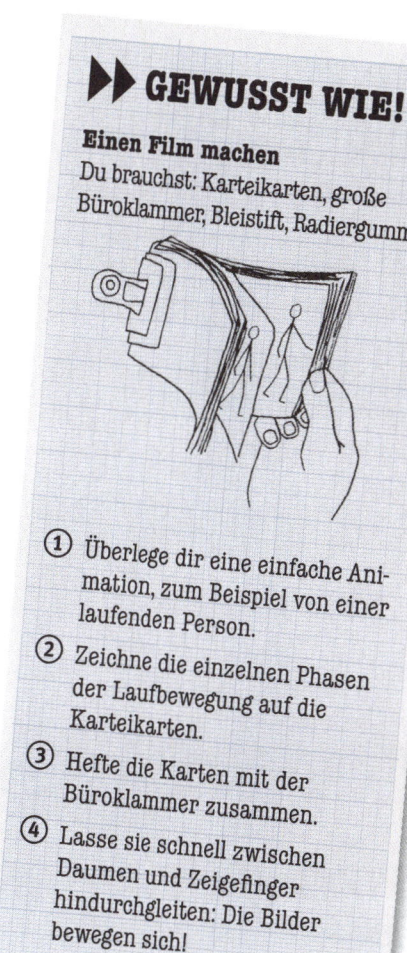

GEWUSST WIE!

Einen Film machen

Du brauchst: Karteikarten, große Büroklammer, Bleistift, Radiergummi

① Überlege dir eine einfache Animation, zum Beispiel von einer laufenden Person.

② Zeichne die einzelnen Phasen der Laufbewegung auf die Karteikarten.

③ Hefte die Karten mit der Büroklammer zusammen.

④ Lasse sie schnell zwischen Daumen und Zeigefinger hindurchgleiten: Die Bilder bewegen sich!

Im Februar 1895 meldete Louis seine Erfindung an, sodass niemand sie kopieren konnte. Er bezeichnete sie als „Kinematograph", genauso wie Léon Bouly seinen ähnlichen, aber nicht so leistungsfähigen Apparat genannt hatte.

Die Brüder begannen, Filme zu machen. Sie filmten, wie die Arbeiter die Fabrik ihres Vaters verlassen, wie ein Gärtner von seinem eigenen Gartenschlauch mit Wasser bespritzt wird und wie Personen ins stürmische Meer springen. Die Filme waren ohne Ton, in Schwarz-Weiß und der längste dauerte 49 Sekunden. Am 28.12.1895 stellten die Brüder ihre Erfindung vor. Sie führten dem Publikum in einem abgedunkelten Raum eines Pariser Cafés zehn ihrer Kurzfilme vor. 33 Personen kamen und bezahlten jeweils einen Franc, um die Filme zu sehen. Der Abend war ein voller Erfolg, die Geschichte des Kinos hatte begonnen.

↑ Die Brüder Lumière machten viele bahnbrechende Filme. Dieser zeigt einen Zug, der in einen Bahnhof einfährt. Die Aufnahmen wirkten so realistisch, dass die Menschen bei der Vorführung von ihren Stühlen aufsprangen!

1888	1889	1891	1892	1895 (Februar)	1895 (Dezember)
Louis Le Prince baut die erste Kamera, die Bewegungen aufnimmt. Danach verschwindet er spurlos.	George Eastman verbessert den Zelluloidfilm und macht die Fotografie mit dem Kodak-Fotoapparat populär.	Thomas Edison erfindet das Kinetoskop, mit dem eine Person einen Film betrachten kann.	Léon Bouly meldet ein Gerät namens „Kinematograph" an, hat aber kein Geld, um den Namen zu schützen.	Die Brüder Lumière bauen ihren Kinematographen.	Zum ersten Mal veranstalten die Brüder Lumière eine Filmvorführung mit zahlendem Publikum.

DRAHTLOS ÜBER DEN OZEAN

DIE IDEE	» Nachrichten drahtlos über große Entfernungen senden und empfangen.
PROBLEME Technologie war wenig erforscht; Experimente waren sehr kostspielig.	**WAS** **DRAHTLOSER TELEGRAF** **WER** Guglielmo Marconi **WO** England und Kanada **WANN** 12.12.1901 **WIE** durch die Übertragung mithilfe von Radiowellen **WARUM** wollte ein Kommunikationsunternehmen gründen
HINTERGRUND	Marconi begann seine Experimente in seiner Heimat Italien. Im Alter von 21 Jahren reiste er nach England und erforschte dort die drahtlose Übertragung über große Entfernungen.

→ Marconi baute leistungsfähige Übertragungsstationen auf beiden Seiten des Atlantiks, die Nachrichten an Schiffe senden und von diesen empfangen konnten.

ERFINDUNG ❶
Baute einen drahtlosen Telegrafen, der senden und empfangen konnte.

LEISTUNG ❷
Sendete die erste Nachricht drahtlos über den Atlantik.

LEISTUNG ❸
Gründete ein Unternehmen, das über 100 Jahre lang erfolgreich war.

NAME: Guglielmo Marconi
GEBOREN: 25.4.1874
GESTORBEN: im Alter von 63
NATIONALITÄT: italienisch
BERUF: Ingenieur, Geschäftsmann
BERÜHMT FÜR: Forschungen im Bereich drahtloser Kommunikation; ist einer der Erfinder des Radios

KOMMUNIKATION

DRAHTLOS ÜBER DEN OZEAN

›› Waren es wirklich Morsezeichen, die Marconi an der Empfangsstation hörte?

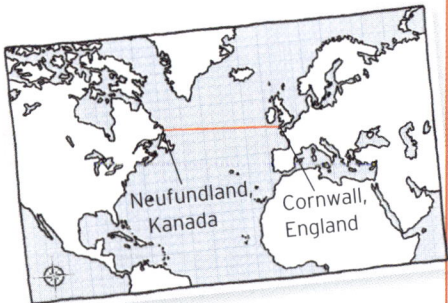

↑ Marconis Nachricht wurde von Cornwall in England nach Neufundland in Kanada übertragen. Das war eine Entfernung von 3.500 km.

↑ Die Antenne der Sendestation war mehr als 60 m hoch. Das ist die Höhe eines 20-stöckigen Gebäudes.

↑ Ein Schiffsoffizier sendet eine drahtlose Nachricht. Marconis Unternehmen stellte Service, Geräte und Personal.

Heutzutage ist es für uns selbstverständlich, dass wir jederzeit drahtlos mit Menschen in der ganzen Welt kommunizieren können. Im frühen 20. Jahrhundert war das anders: Gerade erst begannen die Menschen, Telefone zu verwenden. Nachrichten nach Übersee wurden mit elektrischen Telegrafen gesendet. An einem Ende der Leitung wurde die Nachricht in codierter Form eingegeben und am anderen Ende wurde das Signal wieder in Sprache übersetzt. Der elektrische Telegraf benötigte Leitungen für die Übertragung. Deshalb wurden unter den Meeren lange Kabel verlegt.

1901 wandte sich Marconi dem ehrgeizigen Projekt zu, eine Nachricht drahtlos über den Atlantik zu senden. Dabei wollte er Radiowellen anstelle von Kabeln zur Übertragung nutzen. Radiowellen waren 1865 vom schottischen Wissenschaftler James Clerk Maxwell entdeckt worden. Etwa 20 Jahre später demonstrierte der deutsche Wissenschaftler Heinrich Hertz die Nutzung der Radiowellen.

Marconi wusste von diesen Forschungen. Er experimentierte mit der Reichweite von Radiowellen und entwickelte schließlich ein erfolgreiches Geschäft daraus.

↑ Marconi mit seinem drahtlosen Telegrafen.

GEFAHR! Im Winter können die Temperaturen in Neufundland bis auf -25° Celsius sinken. Stürme erschüttern regelmäßig die Küste.

↑ Signal Hill in Neufundland. Hier empfing Marconi die erste drahtlose Nachricht, die über den Atlantik gesendet wurde.

An einer Station im englischen Cornwall stellte Marconi 20 große Sendetürme auf. Als die Masten von einem Sturm umgeworfen wurden, baute er sie sofort wieder auf. Dann brach er mit einem Schiff nach Kanada auf. Die dort errichtete Empfangsstation war weniger aufwendig ausgestattet. Er nutzte Drachen und Ballone, um ein 155 m langes Kabel in der Luft zu halten. Die starken Winde bliesen das Kabel immer wieder davon. Am 12. Dezember um die Mittagszeit hörte er schließlich die ersten drei Signale. Es war der Morsecode für den Buchstaben „S".

Es wurde angezweifelt, dass Marconi im Rauschen der Leitung wirklich einen Morsecode gehört hat. Deshalb schickte er im Februar 1902 ein Schiff über den Ozean, das täglich Signale aus Cornwall empfangen sollte. Am 18.1.1903 gelang dann die erste öffentliche drahtlose Kommunikation: Marconi vermittelte eine Grußbotschaft des amerikanischen Präsidenten an den König von England.

← In späteren Jahren engagierte sich Marconi auch im Rundfunk. Seine Firma baute und verkaufte viele Radios, als diese populär wurden.

EXTRA

GROSSE MOMENTE

Der drahtlose Telegraf spielte bei vielen großen Ereignissen eine Rolle.

Als 1909 Robert Peary als Erster am **Nordpol** ankam, sendete er eine Nachricht an die Zeitungen.

1910 sendete ein Kapitän eine Nachricht an die Polizei, die den Mörder **Dr. Crippen** festnehmen sollte, der sich an Bord befand.

Als 1912 das Schiff **Titanic** sank, starben viele Menschen. Ein drahtlos gesendetes Notsignal half aber, viele Leben zu retten. Ein Boot kam, um die Überlebenden aufzunehmen.

FASZINATION FERNSEHEN

DIE IDEE	›› Bewegte Bilder an einen Empfänger senden; Nachrichten und Unterhaltung in die Wohnzimmer der Menschen bringen.
PROBLEME Es war nicht klar, ob das Fernsehen sich durchsetzen würde.	**WAS** FERNSEHEN **WER** John Logie Baird **WO** London, England **WANN** Januar 1926 **WIE** durch die Umwandlung bewegter Bilder in elektrische Signale **WARUM** wollte aus der Erfindung ein Geschäft machen
HINTERGRUND	In den 1920er-Jahren konnte man Filme im Kino sehen, aber die meisten hatten noch keinen Ton. Manche Menschen hatten Radios, es wurden Bücher gelesen und Brettspiele gespielt.

ERFINDUNG ❶
Baute den ersten funktionierenden Fernseher.

LEISTUNG ❷
Ließ die Menschen an die Zukunft des Fernsehens glauben.

ERFINDUNG ❸
Entwickelte das Farb- und das 3-D-Fernsehen.

NAME: John Logie Baird
GEBOREN: 13.8.1888
GESTORBEN: im Alter von 57
NATIONALITÄT: schottisch
BERUF: Erfinder, Geschäftsmann
BERÜHMT FÜR: übertrug die ersten bewegten Bilder und machte das Fernsehen populär

→ Diese Anzeige aus den 1950er-Jahren bewirbt einen Fernsehapparat. Damals war ein Fernseher ein begehrter Luxusartikel.

KOMMUNIKATION

FASZINATION FERNSEHEN

›› Konnte das seltsame Gerät von Baird wirklich bewegte Bilder senden?

↑ Die ersten Bilder, die Baird übertrug, zeigten diese Bauchrednerpuppe. Er nannte sie „Stooky Bill".

↑ Die erste Fernsehzeitung erschien 1926. Diese Ausgabe zeigt, wie man sein eigenes Gerät baut.

↑ 1936 wurden die ersten öffentlichen Fernsehbilder von diesem Sendemast in London ausgestrahlt.

↑ Baird führt sein Gerät vor. Zwei große, sich drehende Scheiben mit Löchern darin tasten das Bild ab und senden es dann an einen anderen Ort.

Manche Menschen hielten John Logie Baird für verrückt, als er 1925 erklärte, er habe einen Weg gefunden, bewegte Bilder zu senden und wieder zu empfangen, sodass man sie sehen konnte. Der Redakteur einer Zeitung wollte ihn sogar hinauswerfen, als Baird dort auftauchte, um sein Gerät zu bewerben. Seine Zweifel waren berechtigt, hatte Baird doch in der Vergangenheit einige merkwürdige Erfindungen vorgestellt, wie etwa einen Rasierer aus Glas, der zwar nicht rostete, aber beim Rasieren brach, oder luftgepolsterte Schuhe mit Ballonen in den Sohlen, die allerdings andauernd platzten. Aber diesmal war es anders: Das Fernsehen war das Werk eines Genies!

Baird begann seine Experimente an der Südküste Englands. Für seinen ersten Apparat verwendete er unter anderem eine Hutschachtel, Fahrradlampen und Nähnadeln. Als er nach London umzog, gelang es ihm, Bilder als schwarz-weiße Schatten zu übertragen. Er führte dies in einem Kaufhaus vor. Aber es gab noch viel zu tun.

Ein Redakteur über Baird:
„Gehen Sie runter und sehen Sie zu, dass Sie diesen Verrückten loswerden. Er sagt, er hat ein Gerät, mit dem man Bilder übertragen kann!"

GEFAHR! Beim Experimentieren bekam Baird oft elektrische Schläge. Manchmal kam es sogar zu Explosionen und seine Geräte gingen kaputt.

Baird musste ein klareres Bild übertragen. Er experimentiere mit einer Puppe, aber die Arbeiten führten zu nichts und er hätte beinahe aufgegeben. Aber dann, am 2.10.1925, erschien der Kopf der Puppe auf dem Bildschirm. Aufgeregt rannte er die Treppe herunter und holte den Büroangestellten William Taynton herauf, der die erste Person sein sollte, die live im Fernsehen zu sehen war. Am 26.1.1926 zeigte Baird seine Erfindung erneut. Diesmal übertrug er das Bild einer Person. Die Darstellung war undeutlich, aber man konnte sehen, wie sich der Mund der Person bewegte.

Baird erfand das Fernsehen nicht allein, er verfolgte seine Ideen und die von anderen Wissenschaftlern. Seine Leidenschaft und seine Tatkraft aber machten die Menschen auf das Fernsehen aufmerksam. Heute gibt es in fast jedem Haushalt einen Fernseher. Der „Mann mit den verrückten Ideen" sollte also am Ende doch Recht behalten!

↑ Heute funktioniert das Fernsehen ganz anders als zu Bairds Zeit. Die Übertragung ist digital. Die Signale kommen teilweise von Satelliten.

EXTRA

RASANTE ENTWICKLUNG

Am Anfang konnten sich nur reiche Leute einen Fernseher leisten.

1926 war dies einer der ersten **Fernseher**, die verkauft wurden. Er war sehr teuer und es wurden nur 20 Exemplare hergestellt.

Dieser „**Televisor**" wurde in den 1930er-Jahren angeboten. Er war günstiger, kostete aber umgerechnet immer noch fast 4.000 Euro.

1936 brachte Baird einen **Farbfernseher** heraus. Er arbeitete mit einer Kathodenstrahlröhre. Nur wenige Menschen konnten sich so ein Gerät leisten.

ENTSCHLÜSSELTE GEHEIMNISSE

DIE IDEE	» Eine Maschine entwickeln, die sehr kompliziert verschlüsselte Nachrichten entziffern kann.
PROBLEME Arbeitete im Krieg, war exzentrisch; Verschlüsselung wechselte jeden Tag.	**WAS** TURING-BOMBE **WER** Alan Turing **WO** Bletchley Park, England **WANN** 1939 bis 1945 **WIE** mit Mathematik und Einfallsreichtum **WARUM** um die Pläne der deutschen Wehrmacht zu entschlüsseln
HINTERGRUND	Während des Zweiten Weltkriegs sendeten die deutschen Streitkräfte untereinander mit der Enigma-Maschine verschlüsselte Nachrichten. Die Alliierten wollten die Nachrichten entschlüsseln.

ERFINDUNG ❶
Entwickelte die Turing-Bombe zum Entschlüsseln von Nachrichten.

LEISTUNG ❷
Hat dazu beigetragen, dass der Zweite Weltkrieg beendet wurde.

ERFINDUNG ❸
Entwickelte einen der ersten Computer (ACE).

NAME: Alan Turing
GEBOREN: 23.6.1912
GESTORBEN: im Alter von 41
NATIONALITÄT: englisch
BERUF: Mathematiker
BERÜHMT FÜR: entschlüsselte den Code der Enigma-Maschine und erforschte die Computertechnik

→ Die Ingenieure bauten über 200 Turing-Bomben in Bletchley Park. Nach dem Zweiten Weltkrieg wurden sie zerstört. 2007 wurde die Turing-Bombe rekonstruiert, um sie Besuchern zu zeigen.

ENTSCHLÜSSELTE GEHEIMNISSE

▶▶ Wie konnte Turings Mission den Alliierten helfen, den Krieg zu gewinnen?

Am 4.9.1939, ein paar Tage nach Beginn des Zweiten Weltkriegs, meldete sich Alan Turing im englischen Bletchley Park zum Dienst. Er wurde beauftragt, die mit der Enigma-Maschine verschlüsselten Nachrichten der deutschen Streitkräfte zu entschlüsseln. Seine Mission war streng geheim. Und sie schien unlösbar. Nicht nur verwendeten die Deutschen einen der kompliziertesten Verschlüsselungsmechanismen überhaupt, der Code wurde auch noch täglich geändert. Es gab über 150 Trillionen Möglichkeiten. Das war genau die richtige Herausforderung für Turing.

In kurzer Zeit entwickelte er eine Maschine, die als Turing-Bombe bekannt wurde. Ihre Aufgabe war es, täglich den Schlüssel für die mit der Enigma-Maschine codierten Nachrichten zu finden. Die Maschine arbeitete jede Nacht. Vielleicht erhielt sie ihren Namen, weil sie tickende Geräusche machte, wie eine Bombe mit Zeitzünder. Sobald die Turing-Bombe den Schlüssel gefunden hatte, konnten die Nachrichten entziffert werden. Die Deutschen hatten keine Ahnung, dass ihre Nachrichten entschlüsselt wurden.

▶▶ GEWUSST WIE!

Eine Chiffrierscheibe bauen
Du brauchst: kleine und große Scheibe aus Pappe, Flachkopfklammer, Stift

① Hefte die Scheiben zusammen. Schreibe das Alphabet auf die große Scheibe. Markiere das A.

② Schreibe das Alphabet auf die kleine Scheibe, markiere einen anderen Buchstaben.

③ Drehe die Scheiben, sodass die markierten Buchstaben übereinanderstehen.

④ Schreibe eine Nachricht, indem du statt der Buchstaben auf der großen Scheibe immer die auf der kleinen Scheibe verwendest.

↑ Im Inneren war die Turing-Bombe sehr kompliziert. Sie enthielt Hunderte Stecker und Kabel von etwa 19 km Länge. Es würde heute mehr als eine halbe Million Euro kosten, sie zu bauen.

→ Die Deutschen verwendeten eine Enigma-Maschine.

- Tastatur zur Texteingabe
- Stecker für Verschlüsselung
- täglich ausgetauschte Walzen
- Anzeige für verschlüsselte Buchstaben

KOMMUNIKATION

GEFAHR! Bletchley Park wurde nur zufällig bombardiert. Hätte man gewusst, was dort geschieht, wäre es ein wichtiges Ziel gewesen.

↑ Im Zweiten Weltkrieg arbeiteten mehr als 9.000 Menschen in Bletchley Park. Fast alle waren Frauen.

Im Zweiten Weltkrieg spielte der Atlantische Ozean eine große Rolle. Deutsche U-Boote versuchten, Schiffe aus Nordamerika abzufangen, sodass Truppen, Ausrüstung und Lebensmittel nicht nach England gelangen konnten. Mithilfe der Turing-Bombe konnte man etwas über die Pläne der Deutschen herausfinden, und so gelang es vielen Schiffen, die Linien zu durchbrechen. Die alliierten Streitkräfte gewannen die Schlacht auf dem Atlantik und schließlich auch den Krieg.

↑ Nachdem er Bletchley Park verlassen hatte, baute Turing seine Automatic Computing Engine (ACE). Das war eines der ersten Geräte, die Befehle speichern konnten.

Über 30 Jahre lang wurde Turings Arbeit geheim gehalten. Nach dem Krieg entwickelte er erste Computer, starb aber dann 1954 in jungen Jahren. In den 1970er-Jahren gelangten die Aktivitäten um die Turing-Bombe langsam an die Öffentlichkeit, und die Menschen stellten fest, welche bedeutende Rolle dieser Mann gespielt hat. Heute wird seine Arbeit rund um den Globus gewürdigt.

← Turing hatte merkwürdige Eigenarten: So schloss er seine Tasse an die Heizung, damit sie nicht gestohlen wurde, und wollte sein Fahrrad nicht reparieren, obwohl die Kette immer abfiel.

↑ Turing schrieb lange vor allen anderen über Maschinen, die „denken" konnten. Heute nennen wir diese Fähigkeit künstliche Intelligenz. ASIMO von der Firma Honda ist einer der fortschrittlichsten humanoiden Roboter mit künstlicher Intelligenz.

ERFINDUNG DES WEB

DIE IDEE	» Eine neue Art der Kommunikation finden; Menschen aus der ganzen Welt Informationen über Computer austauschen lassen.
PROBLEME Jeder sollte das Web kostenlos und sicher nutzen können.	**WAS** WORLD WIDE WEB (WWW, WEB) **WER** Tim Berners-Lee **WO** England **WANN** 1991 **WIE** durch visionäres Denken und die Verbindung von Ideen **WARUM** wollte, dass sich die Menschen besser verstehen
HINTERGRUND	Das World Wide Web ist Teil des Internets. In den 1960er-Jahren entwickelten Computerspezialisten in den USA das kleine Netzwerk ARPANET. Es inspirierte zur Idee des Internets von heute.

ERFINDUNG ❶ Entwickelte ein System, das Informationen verknüpft.

LEISTUNG ❷ Trug dazu bei, dass das Internet Teil unseres Lebens wurde.

ERFINDUNG ❸ Erfand den Namen „World Wide Web" (WWW), der heute in allen Webadressen zu finden ist. http://www

NAME: Tim Berners-Lee
GEBOREN: 8.6.1955
NATIONALITÄT: englisch
BERUF: Informatiker
BERÜHMT FÜR: erfand das World Wide Web, programmierte die erste Website, den ersten Browser und das erste Verzeichnis für Webseiten

→ Seit seiner Kindheit interessierte sich Tim Berners-Lee für Mathematik und Elektronik. Als Schuljunge baute er Geräte zur Steuerung seiner Modelleisenbahn. Außerdem liebte er Science-Ficton-Geschichten.

ERFINDUNG DES WEB

›› Wie hat die Arbeit von Tim Berners-Lee unser aller Leben verändert?

Was tust du, wenn du eine Information brauchst?
Vermutlich nimmst du einen Computer oder ein Smartphone und durchsuchst das Internet. Innerhalb von Sekunden hast du deine Information. Der brillante Informatiker, der dazu beigetragen hat, dass dies möglich ist, heißt Tim Berners-Lee. Er ist der Erfinder des World Wide Web.

Oft meinen wir mit den Begriffen „Web" und „Internet" das Gleiche. Aber das ist nicht ganz richtig. Das Web besteht aus den Webseiten, die wir täglich benutzen. Das Internet ist ein weltweites Netzwerk von Computern, in dem Informationen ausgetauscht werden. Zu diesen Informationen gehören auch die Webseiten.

1990 arbeitete Tim Berners-Lee im Forschungszentrum CERN in der Schweiz. Das CERN ist bekannt für seinen Teilchenbeschleuniger, mithilfe dessen man versucht, mehr über das Universum herauszufinden. Wissenschaftler aus der ganzen Welt kommen, um dort zu forschen. Damals stellte Berners-Lee fest, dass es schwierig war, Informationen untereinander auszutauschen.

↑ Das ist der Computer, an dem Tim Berners-Lee das World Wide Web entwickelt hat.

›› GEWUSST WIE!

So funktioniert ein Browser
Wenn du die Internetadresse eingibst, findet dein Browser irgendwo in der Welt den Computer, der die gewünschte Website gespeichert hat.

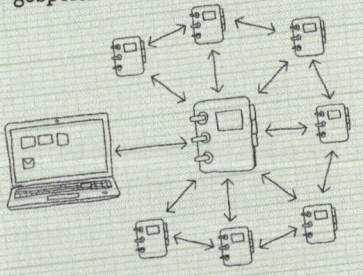

Zuerst schaut der Browser auf einem lokalen Server nach. Dort gibt es eine Art riesiges Telefonbuch.

Der lokale Server enthält Verweise zu weiteren Verzeichnissen, denen der Browser folgt, bis er schließlich die gewünschte Seite gefunden hat.

↑ Es gibt viele Programmiersprachen, aber alle basieren auf dem Binärcode. Das sind Kombinationen der zwei Zahlen 0 und 1.

↑ Bei der Eröffnungsfeier der Olympischen Spiele 2012 postet Tim Berners-Lee die Nachricht „This is for everyone" (engl. für „Dies ist für alle").

Er entwickelte die Idee für ein System, das alle Informationen miteinander verknüpfte, sodass jeder im CERN sie sehen konnte. Als er an der Idee arbeitete, ahnte er, dass sich noch viel mehr daraus machen ließ. Sein System konnte die ganze Welt miteinander vernetzen. Ursprünglich sollte es „Information Mesh" (engl. für Informationsgeflecht) heißen, aber der Name klang nicht so gut. So nannte er es „World Wide Web".

Im Dezember 1990 programmierte er den ersten Webbrowser. Im August 1991 stellte er ihn ins Internet. Er erstellte außerdem eine Website, die erklärte, wie man den Browser benutzt. Viele Erfindungen werden dazu verwendet, Geld zu verdienen, aber das Web war kostenlos für jeden und konnte weiterentwickelt werden. Es wuchs mit rasender Geschwindigkeit. Heute können wir über das World Wide Web mit Freunden in Kontakt bleiben, spielen, einkaufen, lernen und Ideen austauschen. Es hat unser Leben verändert und ist eine der bedeutendsten Methoden, miteinander zu kommunizieren.

← Google ist eines der größten Internetunternehmen. 2012 wurden die geheimen Rechenzentren der Firma erstmals der Öffentlichkeit gezeigt.

EXTRA

UNGLAUBLICHE ENTWICKLUNG

Das Web wird immer größer. Jeder kann Fotos posten oder Videos hochladen.

Es gibt über eine Trillion **Webseiten**. Es würde mehr als 31.000 Jahre dauern, sie zu lesen. Das ist länger, als es Menschen auf der Erde gibt.

Milliarden Menschen nutzen das **Internet** in der ganzen Welt und es werden immer mehr. Die meisten Nutzer stammen aus Europa, Nordamerika und Asien.

Sogar im Weltraum gibt es Zugang zum Web: 2010 haben Astronauten von der Internationalen Raumstation (ISS) Nachrichten über ihre Tätigkeiten auf **Twitter** gepostet.

REVOLUTION DAMPFMASCHINE

DIE IDEE	≫ Die Dampfmaschine so verbessern, dass sie alle möglichen anderen Maschinen antreiben kann.
PROBLEME Es war sehr teuer, diese riesigen Maschinen zu entwickeln; er war häufig krank.	**WAS** DAMPFMASCHINE **WER** James Watt **WO** Glasgow und Birmingham, Großbritannien **WANN** 1765 bis 1790 **WIE** war ein sehr guter Problemlöser und gab nie auf **WARUM** war fasziniert von neuen Technologien
HINTERGRUND	Um 1712 baute Thomas Newcomen die erste Dampfmaschine. Mitte des 18. Jahrhunderts wurden Hunderte dieser Maschinen in Minen verwendet, aber sie waren langsam und gingen oft kaputt.

ERFINDUNG ❶
Machte die Dampfmaschine mithilfe eines Kondensators wesentlich leistungsfähiger.

LEISTUNG ❷
Legte die Grundlage für die Industrieproduktion und das Entstehen von Fabriken.

ERFINDUNG ❸
Entwickelte eine Kopierpresse zum Vervielfältigen von tintenbeschriebenem Papier.

NAME: James Watt
GEBOREN: 19.1.1736
GESTORBEN: im Alter von 83
NATIONALITÄT: schottisch
BERUF: Maschinenbauer
BERÜHMT FÜR: entwickelte die Dampfmaschine weiter und verkaufte sie

→ James Watt tüftelt in seiner Werkstatt an der Universität von Glasgow an einem Modell von Newcomens Dampfmaschine. Er war für das Bauen und Reparieren von wissenschaftlichen Instrumenten zuständig.

TECHNIK

REVOLUTION DAMPFMASCHINE

›› Wird es James Watt gelingen, die Dampfmaschine zu perfektionieren?

1763 wurde ein Modell von Newcomens Dampfmaschine zur Reparatur in die Werkstatt von James Watt gebracht. Watt arbeitete an der Universität in Glasgow, wo die Dozenten das Modell nutzten, um die neue Technologie der Dampfmaschine zu erklären. Aber die Maschine ging regelmäßig kaputt. Das machte ihn neugierig und er schaute sie sich genau an. Sie erhitzte Wasser, um Dampf zu produzieren, der dann eine Pumpe antrieb. Der Dampf gelangte in einen Zylinder und bewegte dort einen Kolben nach oben. Dann wurde der Dampf im Zylinder abgekühlt und der Kolben wanderte wieder nach unten.

Watt stellte fest, dass die Maschine viel Wärme verschwendete. Konnte er sie verbessern? Zwei Jahre arbeitete er an dem Problem. Dann hatte er die Lösung: Er fügte einen zweiten Zylinder, einen Kondensator, hinzu, in dem der Dampf abkühlen konnte. Das war ein Geniestreich!

↑ Watts erste Maschinen konnten nur Auf- und Abwärtsbewegungen. Spätere wie diese bewegten ein Rad und konnten damit alle möglichen Maschinen antreiben.

↑ So funktionierte Watts Maschine mit dem separaten Kondensator.

↑ Als Watt starb, wurde seine Werkstatt verschlossen. Mehr als 50 Jahre später wurde sie in ein Museum in London gebracht und ist dort bis heute zu sehen.

Von der Dampfmaschine zur Lokomotive
Diese Zeitleiste zeigt die Entwicklung der Dampfmaschine während der Zeit der sogenannten industriellen Revolution. Sie lieferte auch die Grundlage für die Entwicklung der Dampflokomotive.

1712 Thomas Newcomen erfindet die erste nutzbare Dampfmaschine.

1765 James Watt ergänzt einen Kondensator, um die Maschine leistungsfähiger zu machen.

1775 Watt und Boulton beginnen, Watts Maschine zu verkaufen.

1784 Ein Mitarbeiter von Watt zeigt ihm eine Dampfmaschine auf Rädern. Watt hält das für unsicher.

„Ich verkaufe Ihnen, was alle Welt benötigt: Energie!"
Matthew Boulton

„Ich kann an nichts anderes denken als an diese Maschine."
James Watt

↑ Diese Maschine sorgte für die Luftzufuhr in einem Hochofen in England. Heute erinnert sie als Denkmal an die Leistungen von Watt und Boulton.

↑ Watt und Boulton waren 25 Jahre lang erfolgreiche Geschäftspartner. Die Funktionsweise ihrer Maschine hielten sie geheim.

Watts harte Arbeit hat sich gelohnt: 1775 kam er mit dem Fabrikbesitzer Matthew Boulton ins Geschäft. Sie begannen mit der Produktion einer neuen, leistungsfähigeren Dampfmaschine.

Zu Beginn wurde sie genutzt, um Wasser aus Bergwerken zu pumpen. Als Watt die Maschine weiter verbesserte, konnte sie auch Maschinen in Spinnereien und Webereien antreiben. Vorher musste die ganze Arbeit von Hand gemacht werden. Mit der Dampfmaschine ging alles viel schneller. Fabriken entstanden im ganzen Land. Als Watt 1819 starb, gab es allein in Glasgow 18 Webereien mit insgesamt fast 3.000 Webstühlen. Die Entwicklung breitete sich schnell aus. Das Zeitalter der industriellen Massenproduktion hatte begonnen.

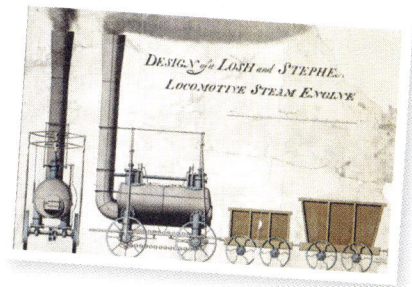

↑ Die ersten Dampfmaschinen waren riesig. Im frühen 19. Jahrhundert aber wurden sie kleiner, sodass man sie in einer Lokomotive verwenden konnte.

1788	1801	1804	1825	1828	1830
Watt verbessert seine Maschine so, dass sie andere Maschinen antreiben kann.	Oliver Evans entwickelt eine kleinere Dampfmaschine.	Richard Trevithick lässt eine Dampflokomotive fahren.	Die erste Dampflokomotive wird im Norden Englands in Betrieb genommen.	Die ersten Dampflokomotiven kommen in die USA.	Dampflokomotiven beginnen, Passagiere zu befördern.

LICHT FÜR DIE WELT

DIE IDEE	›› Mit einer effizienten Glühbirne Licht in die Häuser bringen.
PROBLEME Keine – Edison sah jedes gescheiterte Experiment als einen Schritt zum Erfolg.	**WAS** PRAKTISCH VERWENDBARE GLÜHBIRNE **WER** Thomas Edison **WO** Menlo Park im Bundesstaat New Jersey, USA **WANN** 31.12.1879 **WIE** experimentierte so lange, bis er die Lösung hatte **WARUM** wollte ein Geschäft aus seinen Erfindungen machen
HINTERGRUND	Viele Wissenschaftler, darunter der englische Erfinder Joseph Swan, hatten vor Edison Glühbirnen entwickelt. Aber Edison ermöglichte die weite Verbreitung der elektrischen Beleuchtung.

ERFINDUNG ❶
Entwickelte eine preiswerte Glühbirne, die lange brannte.

LEISTUNG ❷
Entwickelte ein System, mit dem Strom verteilt werden konnte.

ERFINDUNG ❸
Erfand den Phonographen, ein Gerät, das Klang aufnehmen und abspielen konnte.

NAME: Thomas Edison
GEBOREN: 11.2.1847
GESTORBEN: im Alter von 84
NATIONALITÄT: amerikanisch
BERUF: Erfinder, Geschäftsmann
BERÜHMT FÜR: machte die Glühbirne praktisch verwendbar und betrieb eine „Erfindungsfabrik"

→ Edison wurde aufgrund der sensationellen Geräte, die in seinem Forschungslabor in New Jersey entwickelt wurden, der „Zauberer von Menlo Park" genannt.

TECHNIK

LICHT FÜR DIE WELT

›› Was hat der Zauberer von Menlo Park als Nächstes erfunden?

↑ In der Edison-Lampe floss die elektrische Spannung durch einen Kohlefaden und ließ ihn glühen. Bevor es elektrisches Licht gab, nutzten die Menschen Gaslampen, die flackerten und gefährlich waren.

Edison sagte:
„Genie entsteht aus 1 Prozent Inspiration und 99 Prozent harter Arbeit."

↑ Lewis Latimer war Ingenieur in Edisons Team. Seine Mitarbeit an der Entwicklung des Glühfadens war wesentlich für Edisons Erfolg. Außerdem zeichnete er Pläne für Alexander Graham Bells Telefon.

Als Thomas Edison die erste Straße in Menlo Park mit seiner neuen, elektrischen Glühbirne beleuchtete, war er bereits ein weltberühmter Erfinder. Das war an Silvester im Jahr 1879 und rund 3.000 Menschen kamen in Sonderzügen, um dieses Ereignis mitzuerleben. Was wie ein Wunder aussah, war in Wirklichkeit das Ergebnis harter Arbeit.

Mehr als ein Jahr hatten er und seine Assistenten mit verschiedenen Glühfäden in der Glühbirne experimentiert. Sie suchten nach einer Lösung, die lange glühte und preiswert in der Herstellung war. Über 1.000 Materialien hatten sie versucht, darunter Kokos, Angelschnur und sogar Barthaare. Edison und sein Team arbeiteten nächtelang, sie aßen und schliefen nebenbei.

Schließlich beschloss Edison, einen Baumwollfaden so zu erhitzen, dass er sich in einen Kohlefaden verwandelte. Dieser Faden brannte 40 Stunden lang. Beeindruckt von diesem Ergebnis experimentierte er mit anderen Fäden aus Pflanzen, die er verkohlte, und fand schließlich heraus, dass Bambus am besten funktionierte. Schon bald hatte er eine Glühbirne, die 1.200 Stunden brannte.

↑ Edison sitzt mit seinen Assistenten in seinem Labor. Er spielte manchmal Orgel, um dem Team in den Nachtschichten eine Pause zu ermöglichen.

TECHNIK

↑ Als Werbegag organisierte Edison in New York eine nächtliche Parade. 400 Männer marschierten mit Glühbirnen auf dem Kopf durch die Straßen.

Aber das war erst der Anfang. Um Licht in die Häuser zu bringen, bedurfte es weiterer Hilfsmittel und vor allem einer effektiven Stromversorgung. Also entwickelte sein Team Lampen, Steckdosen und Schalter. Dann bauten sie Kraftwerke und Generatoren und legten Leitungen, um die Elektrizität in die Häuser zu bringen. Edisons Kraftwerke versorgten Unternehmen und Fabriken mit Strom.

Edison forschte und experimentierte sein ganzes Leben lang. Er meldete über 1.000 verschiedene Erfindungen zum Patent an. Aber seine Glühbirne bleibt uns vermutlich am meisten in Erinnerung. Als er 1931 starb, hielten die Menschen in den ganzen Vereinigten Staaten eine Schweigeminute ab und schalteten alle Lampen aus.

GEFAHR! 1903 tötete Edison einen Elefanten mit einem Stromschlag, um zu zeigen, dass diese Art der elektrischen Spannung nicht sicher war.

EXTRA

FABRIK DER ERFINDUNGEN

Edison erfand ein Gerät nach dem anderen.

1877 konzipierte er den sensationellen **Phonographen**, der die erste verständliche Aufnahme von der menschlichen Stimme machte. Bald kauften die Menschen Phonographen, um Musik zu hören.

Edison entwickelte auch den **Kinetographen**, eine der ersten Filmkameras, und einen frühen Filmprojektor. Oft verbesserte er vorhandene Erfindungen oder kaufte Ideen ein.

Zu seinen eher ungewöhnlichen Erfindungen gehörte ein **elektrischer Stift**, der zur Vervielfältigung genutzt werden konnte. Später inspirierte dieses Gerät die Tätowiermaschine.

TESLAS TRANSFORMATOR

DIE IDEE	» Elektrische Energie ohne Kabel durch die Luft und den Boden schicken.
PROBLEME Teure Experimente; manche hielten die Idee für verrückt und unrealistisch.	**WAS** TESLA-TRANSFORMATOR **WER** Nikola Tesla **WO** Colorado und New York, USA **WANN** 1899 bis 1905 **WIE** konzipierte die Erfindung im Kopf und baute sie dann **WARUM** wollte die Welt drahtlos mit Strom versorgen
HINTERGRUND	1884 kam Tesla in die USA, um für Thomas Edison (siehe S. 58-61) zu arbeiten. Nach einem Streit kündigte er, um seine eigenen Ideen zur Elektrizität und Energie umzusetzen.

ERFINDUNG ❶
Baute den Tesla-Transformator, der Hochspannung produzierte.

LEISTUNG ❷
Half den Weg zu finden, Elektrizität an Haushalte zu verteilen.

ERFINDUNG ❸
Meldete über 300 Erfindungen an, darunter einen elektrischen Motor.

NAME: Nikola Tesla
GEBOREN: 10.7.1856
GESTORBEN: im Alter von 86
NATIONALITÄT: serbisch
BERUF: Elektroingenieur
BERÜHMT FÜR: die Erfindung des Tesla-Transformators, seine Arbeit mit Elektrizität

→ Tesla liest ein Buch mitten im Funkenflug seines Transformators. Damit wollte er zeigen, dass sein Gerät ungefährlich war. Die Anlage stand in den USA.

TECHNIK

TESLAS TRANSFORMATOR

❯❯ Konnte Teslas sonderbares und gewagtes Experiment funktionieren?

↑ Unsere Haushalte werden heute mit Wechselstrom versorgt. Im Kraftwerk wird Hochspannung erzeugt, die dann heruntertransformiert wird, bevor sie in die Häuser gelangt. Tesla war einer der ersten, die dieses System entwickelt haben.

Als Nikola Tesla mit seinem Labor 1899 nach Colorado Springs umzog, hatte er große Pläne. Er arbeitete bereits an einem Gerät, das später als Tesla-Transformator bekannt werden sollte. Der Transformator konnte Hochspannung erzeugen und daraus Blitze produzieren. Er baute eine riesige Version des Apparats und nannte sie „Magnifying Transmitter" (auf Deutsch: Vergrößerungssender). Tesla sagte den Zeitungen, er werde Experimente zum drahtlosen Versand von Nachrichten durchführen. Aber er verfolgte auch eine andere Idee: Er wollte Elektrizität durch die Luft senden, um Maschinen und Lampen mit Strom zu versorgen. Er stellte sich vor, die ganze Welt auf diese Weise mit Energie zu beliefern.

Eines Abends probierte Tesla sein Gerät aus. Blitze schossen aus dem Turm und die Glühbirnen begannen zu leuchten. In der nahe gelegenen Stadt sahen die Menschen Funken und hörten ein Donnergrollen. Dann wurde es in der ganzen Stadt dunkel. Teslas Experiment hatte das Kraftwerk durchbrennen lassen! Die Menschen waren verängstigt, aber Tesla sah das als Erfolg.

> Nikola Tesla sagte:
> „Der Wissenschaftler hat nicht unmittelbare Ergebnisse zum Ziel ... er legt vielmehr die Grundlage für diejenigen nach ihm."

↑ Tesla half bei der Entwicklung des ersten Wasserkraftwerks an den Niagarafällen, das die Kraft des fallenden Wassers in elektrische Energie umwandelt. Heute versorgen die Kraftwerke am Niagara Tausende Haushalte mit Strom.

↑ Teslas Anlage in New York hatte einen 57 Meter hohen hölzernen Rahmen mit einer Stahlkuppel an der Spitze. Der Transformator befand sich im Rahmen.

TECHNIK

↑ Heute werden Tesla-Transformatoren hauptsächlich zur Unterhaltung genutzt. Hier sieht man elektrische Blitze um den Magier David Blaine strömen.

Entschlossen baute Tesla eine größere Anlage in New York. Er überzeugte Geschäftsleute, seine Idee zu finanzieren, indem er ihnen erzählte, er arbeite an einem weltweiten Kommunikationssystem. Als Marconi 1901 die erste drahtlose Nachricht über den Atlantik schickte (siehe S. 38–41), nutzte er viele von Teslas Ideen. Tesla war zu spät. Seine Geschäftspartner stellten ihre Unterstützung ein. Heute wissen wir, dass Tesla problemlos drahtlose Nachrichten hätte verschicken können. Aber seine Idee von der drahtlosen Energieversorgung konnte nicht funktionieren.

Als er älter wurde, verarmte er und die Menschen sahen in ihm einen „verrückten Wissenschaftler". Heute aber, über 70 Jahre nach seinem Tod, wissen wir um seine Verdienste. Seine Arbeit an der drahtlosen Übertragung war wegweisend und seine Forschungen zur Transformation der elektrischen Spannung spielen eine große Rolle dabei, wie Strom heute unsere Haushalte erreicht. Vor allem aber sind seine Visionen eine Inspiration für heutige Erfinder.

← Tesla war ein sonderbarer Mensch. So liebte er zum Beispiel Tauben. Er nahm sie mit nach Hause, wenn sie krank aussahen.

EXTRA

SEINER ZEIT VORAUS

Tesla arbeitete an vielen Erfindungen, aber er war kein guter Geschäftsmann.

1898 begeisterte er seine Zuschauer mit einem ferngesteuerten Boot. Heute gibt es **Fernsteuerungen** in jedem Haushalt.

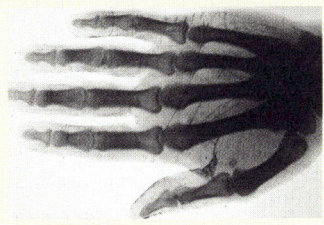

Als er um 1894 mit seinem Transformator experimentierte, hat er womöglich eine der ersten **Röntgenaufnahmen** gemacht. Andere entwickelten diese Idee weiter.

Der Tesla-Transformator brachte ihn dazu, einige der ersten **Neonröhren** zu entwickeln.

HERSTELLUNG VON KEVLAR

DIE IDEE	›› Ein festes und gleichzeitig leichtes Material herstellen, das die schweren Stahlbänder in Autoreifen ersetzen kann.
PROBLEME Andere glaubten ihr nicht; Chemikerinnen fanden keine Anerkennung.	**WAS** KEVLAR® **WER** Stephanie Kwolek **WO** Labor von DuPont, Delaware, USA **WANN** 1965 **WIE** stellte eine Flüssigkeit her, die zu Fasern versponnen wurde **WARUM** liebte die Herausforderung und machte gern Entdeckungen
HINTERGRUND	Kwolek war sehr interessiert an Mode. Als sie für das Chemieunternehmen DuPont zu arbeiten begann, hatte die Firma bereits die künstliche Faser Nylon erfunden.

ERFINDUNG ❶
Entwickelte Kevlar, eine künstliche Faser, fünfmal fester als Stahl.

LEISTUNG ❷
Kevlar wird zur Herstellung von lebensrettender Ausrüstung verwendet.

LEISTUNG ❸
War wegweisend für eine neue Generation von Chemikerinnen.

NAME: Stephanie Kwolek
GEBOREN: 31.7.1923
GESTORBEN: im Alter von 90
NATIONALITÄT: amerikanisch
BERUF: Chemikerin
BERÜHMT FÜR: erfand Kevlar, das unter anderem in kugelsicheren Westen verwendet wird

→ Kevlar ist ein leistungsfähiger Kunststoff. Nach der Herstellung der Fasern werden diese um eine Trommel gewickelt. Die Fäden werden zum Weben von Kleidung verwendet.

HERSTELLUNG VON KEVLAR

❯❯ Was war das für eine merkwürdige Flüssigkeit in Kwoleks Reagenzglas?

↑ Kwolek hält ein Reagenzglas mit der trüben Flüssigkeit, aus der sie Kevlar hergestellt hat. Sie trägt Handschuhe aus Kevlar. Von Natur aus ist Kevlar gelb, manchmal wird es aber auch gefärbt.

↑ Das ist eine Nahaufnahme von Kevlar. Es gibt verschiedene Arten. Kevlar 29 ist weich und zur Herstellung von Kleidung geeignet. Oft wird Kevlar mit anderen Materialien kombiniert.

↑ Die bekannteste Verwendungsmöglichkeit von Kevlar sind kugelsichere Westen. Es wird aber unter anderem auch zur Herstellung von Handygehäusen oder Sportschuhen verwendet.

Nachdem sie die Universität mit Anfang 20 verlassen hatte, nahm Stephanie Kwolek eine Stelle in einem Forschungslabor bei der Firma DuPont an. Sie war dort eine von wenigen Frauen. Eigentlich wollte sie nur genug Geld verdienen, um dann weiterzustudieren und ihren Doktor zu machen. Aber bald merkte sie, dass ihr die Arbeit wirklich gut gefiel. Sie konnte das tun, was sie gern tat: experimentieren und Entdeckungen machen. So beschloss sie zu bleiben.

1965 stellte ihr Chef sie und einige Kollegen vor eine Herausforderung. Die Welt stand vor einer Ölknappheit. Ein leichtes, aber sehr widerstandsfähiges Material wurde benötigt, um das schwere Stahlband in Autoreifen zu ersetzen. Dann wären die Fahrzeuge leichter und würden weniger Kraftstoff verbrauchen. Kwolek begann mit der Arbeit. Während ihrer Experimente entstand eine seltsame, wässrig-trübe Flüssigkeit. Sie wollte eigentlich eine klare Flüssigkeit produzieren. Es sah aus wie ein Fehler. Viele Forscher hätten die Flüssigkeit weggegossen, aber Kwolek war neugierig und forschte weiter.

↑ Bei der Bekämpfung von Feuern mit hohen Temperaturen tragen die Feuerwehrleute oft hitzebeständige Anzüge, die Kevlar enthalten. So können sie sich dem Brand nähern.

TECHNIK

↑ Dieser Astronaut testet einen weichen, aber dennoch sehr festen Raumanzug in der Antarktis. Er wird aus mehr als 350 Materialien hergestellt, darunter Kevlar.

Als Nächstes sollte die Flüssigkeit mithilfe von Spinndüsen in Fasern verwandelt werden. Der Prozess ähnelt der Herstellung von Zuckerwatte. Sie bat einen anderen Wissenschaftler dies zu erledigen, doch er war besorgt, dass kleine Partikel in der merkwürdigen Flüssigkeit die Maschine beschädigen könnten. Sie überredete ihn, es trotzdem zu tun. Zur ihrer Überraschung funktionierte es hervorragend: Das entstandene Material war leicht, flexibel und fünfmal fester als Stahl! Und noch dazu erhitzte es sich nur sehr langsam.

DuPont nannte das Material „Kevlar" und begann mit der Entwicklung von Anwendungsmöglichkeiten. Neben Autoreifen festigte Kevlar bald alle möglichen Produkte von Skiern und anderen Sportgeräten hin zu Arbeitshandschuhen und sogar Raumanzügen. Durch seine Feuerbeständigkeit und seine Festigkeit wurde es ein lebensrettendes Material. Kwolek arbeitete 40 Jahre für DuPont. Als sie in Rente ging, hatte sie zahllose Preise erhalten und war in die Ruhmeshalle der amerikanischen Erfinder aufgenommen. Kwolek ist eine von viel zu wenigen bekannten Erfinderinnen und eine Inspiration für Frauen in der ganzen Welt.

Kwolek sagte:
„Ich glaube nicht, dass es etwas Befriedigenderes gibt, als jemandem das Leben zu retten."

↑ Eine Tänzerin tritt mit einem Feuerseil im Dunkeln auf. Das Seil hat am Ende einen langsam brennenden Docht aus Kevlar, sodass seine Bewegung sichtbar wird.

↑ Die Karosserie eines Rennautos besteht meist aus Kevlar und Carbon. So ist das Fahrzeug sehr leicht und bietet gleichzeitig genug Festigkeit, um den Fahrer zu schützen.

ANFÄNGE DES AUTOS

DIE IDEE	» Ein motorisiertes Fahrzeug mit Rädern bauen, das auf einer Straße fahren kann.
PROBLEME Konkurrenz anderer Erfinder; Gefahren durch Unfälle; Risiko, dass das Geld ausging.	**WAS** BENZ-PATENT-MOTORWAGEN **WER** Carl Benz und seine Frau, Bertha Benz **WO** Mannheim **WANN** 1885 bis 1888 **WIE** Carl erfand das Auto, Bertha zeigte, wie es benutzt wurde **WARUM** um eine neue Art des Transports über weite Strecken zu finden
HINTERGRUND	Bevor es Autos gab, reisten die Menschen mit Pferdekutschen, den sogenannten Postkutschen, und später auch mit Dampflokomotiven. In der Stadt wurden von Pferden gezogene Busse genutzt.

NAME: Carl Benz
GEBOREN: 25.11.1844
GESTORBEN: im Alter von 84
NATIONALITÄT: deutsch
BERUF: Ingenieur
BERÜHMT FÜR: erfand das Auto; gründete das Unternehmen Mercedes-Benz

ERFINDUNG ❶
Carl erfand ein praktisch verwendbares Auto mit einem Benzinmotor.

LEISTUNG ❷
Bertha machte eine Reise in Carls Auto, um zu zeigen, dass es für weite Strecken geeignet war.

NAME: Bertha Benz
GEBOREN: 3.5.1849
GESTORBEN: im Alter von 95
NATIONALITÄT: deutsch
BERUF: Geschäftsfrau
BERÜHMT FÜR: zeigte den Nutzen des Autos; gründete das Unternehmen Mercedes-Benz

→ Eine Szene aus einem Film, der anlässlich des 100. Jahrestages von Bertha Benz' Autofahrt gedreht wurde.

ANFÄNGE DES AUTOS

❯❯ Konnte Bertha zeigen, dass die Erfindung von Carl die Welt verändern wird?

1885 zeigte Carl Benz seiner Frau Bertha ein völlig neuartiges Fahrzeug. Es fuhr auf Rädern und bewegte sich mithilfe eines Benzinmotors. Es war ein Auto. Lange Zeit hatte Carl an der Kühlung des Motors gearbeitet und mit verschiedenen Treibstoffen experimentiert. Er hatte den Anlasser konzipiert und einen Weg gefunden, die Geschwindigkeit zu regulieren. Carl verbesserte sein Fahrzeug immer weiter und zeigte seiner Frau jedes neue Modell.

Im Jahr 1888 wurde Bertha immer unzufriedener. Sie wusste, dass ihr Mann ein brillanter Erfinder, aber kein Geschäftsmann war. Er vermarktete sein Auto als kurioses Spielzeug für Erwachsene. Sie entschloss sich, die Sache in die Hand zu nehmen. Eines Morgens im August kam sie mit ihren beiden jugendlichen Söhnen die Treppe herunter und hinterließ ihrem Mann eine Nachricht auf dem Tisch. Sie schrieb, dass sie mit den Jungen ihre Mutter in Pforzheim besuchen werde, was über 106 km entfernt war. Was sie nicht sagte, war, dass sie Carls Auto benutzen wollte, um der Welt zu zeigen, was man mit so einem fantastischen Fahrzeug tun kann.

↑ Eine Anzeige für den Benz-Patent-Motorwagen. Zwischen 1885 und 1887 baute Benz drei Versionen des Autos. Bertha fuhr mit dem Modell III nach Pforzheim.

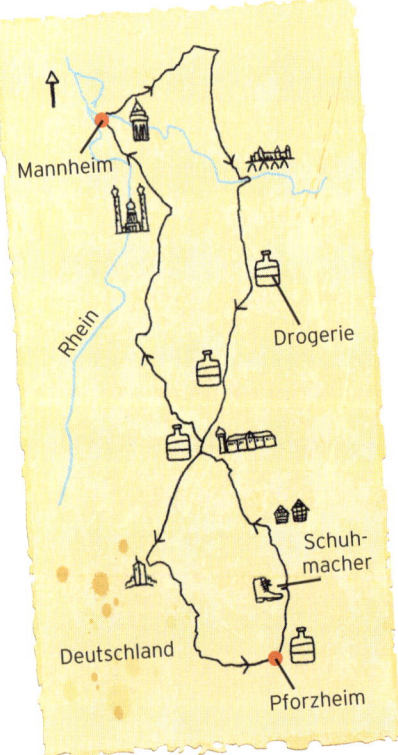

↑ Bertha fuhr von Mannheim nach Pforzheim und zurück. 2008 wurde die „Bertha Benz Memorial Route" eröffnet, auf der man die Strecke nachfahren kann.

→ Der Benz-Patent-Motorwagen war, verglichen mit heutigen Autos, sehr unbequem. Die Reifen bestanden aus Vollgummi, das machte die Fahrt sehr holprig.

TRANSPORT

Carl Benz sagte:
„Nur ein Mensch harrte in diesen Tagen ... neben mir im Lebensschifflein aus. Das war meine Frau."

↑ Bertha und ihre Söhne mussten das Auto bergauf schieben. Später verbesserte Carl das Getriebe, sodass man leichter bergauf fahren konnte.

Bertha und ihre Söhne, Eugen und Richard, schoben das Auto vom Haus weg, um Carl nicht zu wecken. Dann ließen sie es an. Erst fuhren sie in die falsche Richtung, aber dann fanden sie den richtigen Weg. Es gab keine geteerten Straßen, keine Schilder, keine Tankstellen und keine Werkstätten. Bertha brauchte ihren Einfallsreichtum, um ans Ziel zu gelangen.

Das Auto fuhr mit Leichtbenzin, das auch zur Entfernung von Flecken genutzt wurde. Bertha kaufte es in Drogerien. Sie holte Wasser aus Flüssen und goss es über den Motor, um ihn zu kühlen. Wenn das Fahrzeug liegen blieb, fand Bertha schnell eine Lösung. Sie stach mit der Hutnadel in die Benzinleitung, wenn sie verstopft war. Sie wickelte Kleidung um das Zündkabel, als die Isolation kaputtging. Als die Bremsen abgefahren waren, ging sie zu einem Schuhmacher, der sie mit Leder überzog und so den Bremsbelag erfand. Als sie in Pforzheim ankamen, sendete Bertha ein Telegramm an ihren Mann. Die Nachricht von ihrer Autoreise hatte inzwischen die Presse erreicht. Jeder hatte davon gehört – Bertha hatte ihr Ziel erreicht. Im nächsten Jahr begann Carl, die ersten Autos zu produzieren. Schnell kamen andere Anbieter hinzu und die Verkaufszahlen stiegen. Im frühen 20. Jahrhundert war das Auto auf dem Weg, eines der populärsten Transportmittel der Welt zu werden.

EXTRA

FASZINATION GESCHWINDIGKEIT

Carls erstes Auto fuhr nur 16 km/h. In der weiteren Entwicklung baute er viel leistungsstärkere Motoren.

1911 fuhr Carls **Blitzen-Benz** die Rekordgeschwindigkeit von 228,1 km/h. Die Front des Wagens sah wie der Schnabel eines Vogels aus. Der Rekord blieb acht Jahre ungebrochen.

Einer von Carls berühmtesten Rennwagen ist der **Tropfenwagen** aus dem Jahr 1923. Er hatte eine stromlinienförmige Karosserie und sah wie ein Tropfen aus. Er fuhr mehr als 140 km/h.

1896 entwickelte Carl den **Boxermotor**, um die Stabilität zu verbessern. Er wird heute noch in Autos von Porsche und Subaru und einigen Rennwagen verwendet.

TRAUM VOM FLIEGEN

DIE IDEE	» Ein Flugzeug bauen, das sicher in den Himmel aufsteigt und den Traum vom Fliegen wahr werden lässt.
PROBLEME Gefahr des Absturzes; Konkurrenz durch andere Erfinder; lange Gerichtsprozesse.	**WAS** **WRIGHT FLYER (DEUTSCH: „WRIGHT-FLIEGER")** **WER** Orville und Wilbur Wright **WO** Dayton und Kitty Hawk, USA **WANN** 1903 bis 1908 **WIE** testeten und verbesserten die Konstruktion **WARUM** waren seit ihrer Kindheit vom Fliegen fasziniert
HINTERGRUND	Fluggeräte ohne eigenen Antrieb, wie etwa der Heißluftballon, waren schon erfunden. Die Brüder Wright wollten ein motorisiertes Flugzeug bauen.

NAME: Orville Wright
GEBOREN: 19.8.1871
GESTORBEN: im Alter von 76
NATIONALITÄT: amerikanisch
BERUF: Ingenieur, Pilot
BERÜHMT FÜR: entwickelte den Wright Flyer und unternahm den ersten erfolgreichen Flug

ERFINDUNG ❶
Bauten das erste verwendbare Flugzeug mit Funktionen, die bis heute in der Luftfahrt genutzt werden.

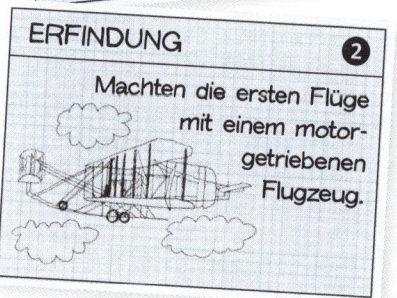

ERFINDUNG ❷
Machten die ersten Flüge mit einem motorgetriebenen Flugzeug.

NAME: Wilbur Wright
GEBOREN: 16.4.1867
GESTORBEN: im Alter von 45
NATIONALITÄT: amerikanisch
BERUF: Erfinder, Pilot
BERÜHMT FÜR: erfand den Wright Flyer und flog an der Seite seines Bruders

→ Die Illustration zeigt den ersten erfolgreichen Flug der Brüder Wright. Orville balanciert vorsichtig auf dem Bauch liegend, um das Flugzeug zu kontrollieren. Ein Cockpit gab es nicht.

TRAUM VOM FLIEGEN

›› Konnten die Brüder Wright ihr Flugzeug starten lassen und in der Luft halten?

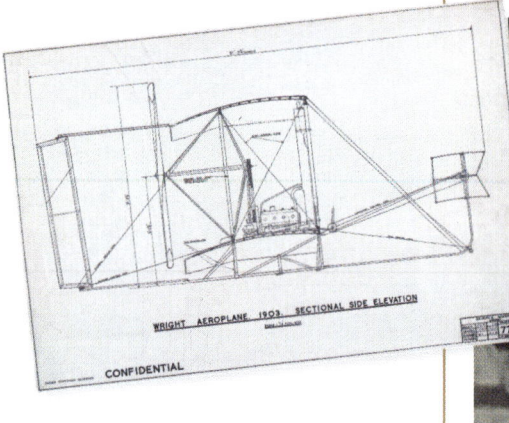

↑ Ein detaillierter Plan des ersten Wright Flyer. Die Brüder werteten die Ergebnisse ihrer Experimente aus, um die beste Konstruktion zu finden. Sie verbesserten ihre Flugzeuge immer weiter.

> Orville Wright sagte:
> „Würden wir annehmen, dass das, was als Wahrheit akzeptiert wird, wirklich wahr ist, gäbe es wenig Hoffnung auf Fortschritt."

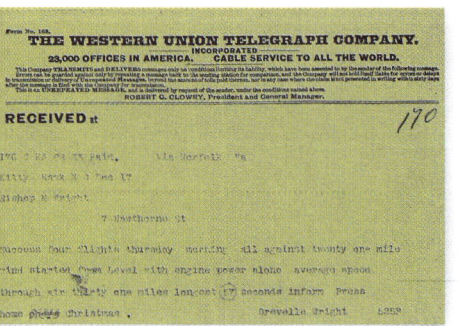

↑ Am 17.12.1903 sandte Orville ein Telegramm an seinen Vater und ließ ihn wissen, dass die Flüge erfolgreich waren. Die Brüder wollten sich ihres Erfolges sicher sein, bevor sie die Zeitungen informierten.

↑ Wilbur nimmt seine Schwester Katherine in einem Flugzeug der Brüder mit. Sie hat ein Seil um ihren weiten Rock gebunden, damit er nicht in der Luft flattert.

Wilbur und Orville Wright waren fasziniert von Fluggeräten. Als Kinder bauten sie Spielzeughubschrauber und Drachen, die sie ihren Freunden verkauften. Mit Anfang 20 eröffneten sie ein Fahrradgeschäft und legten erspartes Geld für ihre Flugexperimente zurück. Bald schon flogen sie Segelflugzeuge, verbesserten deren Konstruktion und arbeiteten an ihren Fähigkeiten als Piloten. 1903 bauten sie den Wright Flyer, ein Flugzeug, das von einem Motor angetrieben wurde. Die Brüder waren sehr gespannt, ob es fliegen würde.

Später im Jahr reisten sie nach Kitty Hawk im amerikanischen Bundesstaat North Carolina und begannen mit den Tests. Der Propeller am Heck des Flugzeugs ging kaputt und musste repariert werden. Dann wurde das Wetter schlecht. Die Brüder saßen in ihrem unbequemen Lager am Boden fest und wurden immer unzufriedener. Am 14.12.1903 schließlich rissen die Wolken auf und sie konnten wieder starten. Orville und Wilbur warfen eine Münze, um auszumachen, wer der Pilot sein durfte. Es war ein spannender Moment – der Gewinner würde der erste Mensch sein, der mit einem motorgetriebenen Flugzeug fliegen würde. Der ältere Bruder Wilbur gewann und kletterte an Bord der hölzernen Maschine.

Das Flugzeug hob ab und stieg schnell in die Luft. Dann wurde es langsamer, blieb stehen und fiel zurück auf den sandigen Boden. Der erste Flug war ein Misserfolg. Aber die Brüder blieben zuversichtlich. Ihr Flugzeug war gestartet, sie mussten es nur noch in der Luft halten.

Drei Tage später, am 17.12.1903, versuchten sie es trotz eines böigen Windes erneut. Jetzt saß Orville am Steuer. Als das Flugzeug abhob, ermunterte Wilbur das Bodenpersonal zu jubeln und seinen Bruder anzufeuern. Der Wright Flyer stieg auf, sank wieder ab, tollte wie ein wildes Pferd, aber diesmal blieb er in der Luft. Orville flog 12 Sekunden, legte 37 Meter zurück und landete dann sicher. Alle jubelten. Dieser kurze erfolgreiche Flug sollte Geschichte schreiben und die Art und Weise verändern, wie die Menschen um die Erde reisen.

EXTRA

FRÜHE FLUGGERÄTE

Über die Jahre versuchten viele Menschen, Fluggeräte zu bauen. Nur wenige waren erfolgreich.

1783 waren die **Brüder Montgolfier** die Ersten, die mit einem bemannten Heißluftballon flogen. Die Neuigkeit verbreitete sich weltweit.

↑ Wilbur an Bord des Wright Flyer. Um zu steuern, lag er in einer Art Wiege, die über Drähte mit den Flügeln verbunden war.

Otto Lilienthal war ein Vorbild der Brüder Wright. Er unternahm Flüge mit einem Segelflugzeug. Auch versuchte er erfolglos, eine Maschine mit schlagenden Flügeln zu bauen.

Clément Ader hob 1890 mit einem fledermausartigen Fluggerät ab. Es wurde von einer Dampfmaschine angetrieben. Er flog nur knapp über dem Boden. Dies ist eine ähnliche, spätere Konstruktion.

An diesem Tag flogen die Brüder noch drei Mal. Der vierte Flug dauerte 59 Sekunden, er legte eine Strecke von 260 Metern zurück. Die Landung war perfekt, aber dann erfasste eine Bö das Flugzeug. Es überschlug sich mehrmals, bis nur noch ein Haufen aus zerbrochenem Holz und zerrissenem Stoff übrig blieb. Der erste Wright Flyer war zerstört, aber er hatte sein Ziel erreicht und die Brüder freuten sich.

TRAUM VOM FLIEGEN

›› Konnten die Brüder Wright ihr Flugzeug starten lassen und in der Luft halten?

Orville und Wilbur fuhren zurück nach Dayton in Ohio und begannen damit, eine neue, verbesserte Version des Flugzeugs zu bauen, den Wright Flyer II. Es ähnelte dem ersten Modell, hatte aber einen stärkeren Motor und einige geänderte Funktionen.

Im September 1904 gelang es den Brüdern nach einigen Versuchen, das Flugzeug in der Luft zu wenden, und Orville flog das erste Mal einen Kreis. Der Wright Flyer II war aber immer noch schwer zu kontrollieren und so nahmen die Brüder das Flugzeug auseinander und bauten daraus ein weiteres Modell, den Wright Flyer III. Damit machten sie einen großen Schritt vorwärts. Am 5.10.1905 flog Wilbur 39 km und blieb 38 Minuten in der Luft. Er musste nur landen, weil das Benzin zu Ende ging. Der Flug war länger als alle vorherigen Flüge der Brüder zusammengenommen.

›› GEWUSST WIE!

Ein Papierflugzeug bauen
Du brauchst: Papier (DIN A4)
----- knicken ← falten

① Knicke mittig, falte die Ecken.

② Falte die Kanten zur Mitte.

③ Falte den Flieger entlang des Knicks, klappe die Flügel herunter.

Versuche das mit einem Freund. Wessen Flugzeug fliegt weiter?

Wilbur Wright sagte:
Ich gebe zu, dass ich 1901 zu Orville sagte, dass die Menschen frühestens in 50 Jahren fliegen werden.

↑ Eine Postkarte, etwa von 1905, zeigt den Wright Flyer III.

Geschichte des Fliegens
Seit dem ersten Flug der Brüder Wright gab es viele Fortschritte. Heute sind Tag und Nacht Passagierflugzeuge am Himmel unterwegs. Sie fliegen schneller und sicherer als jemals zuvor.

1903 – Die Brüder Wright unternehmen den ersten motorisierten Flug in einem Fahrzeug schwerer als Luft.

1909 – Louis Blériot überquert dem Ärmelkanal mit einem Flugzeug.

1927 – Charles Lindbergh fliegt allein und ohne Zwischenstopp über den Atlantik.

1932 – Amelia Earhart fliegt als erste Frau über den Atlantik.

TRANSPORT

GEFAHR! Die Anfänge des Fliegens waren sehr gefährlich. Viele Erfinder starben bei ihren Flugversuchen.

↑ Während einer Vorführung von Wright Flyer III hatte Orville einen schlimmen Unfall. Er entkam nur mit Not, sein Passagier Thomas Selfridge starb.

↑ Die Spannweite des modernen Jumbojets Boing 747 ist größer als die Flugstrecke, die die Brüder beim ersten erfolgreichen Flug zurücklegten.

↑ Skylon ist ein Raumflugzeug, das noch in der Entwicklung ist. Es wird von einer Startbahn starten und mit hoher Geschwindigkeit in den Weltraum fliegen, um Satelliten auszusetzen und Fracht zu transportieren.

Jetzt waren Orville und Wilbur sicher, dass sie ein funktionierendes Flugzeug gebaut hatten. Aber ihre Behauptung wurde angezweifelt, weil sie nur wenige bei ihren Flügen zusehen ließen. Inzwischen hatten auch andere Erfinder Flugzeuge gebaut. Deshalb organisierten die Brüder im Jahr 1908 eine Reihe von Vorführungen. Damit begeisterten sie die Zuschauer und zeigten, dass sie mehr erreicht hatten als ihre Wettbewerber. Nachdem sie ihr Modell mit Sitzen ausgestattet hatten, konnten sie es erfolgreich verkaufen.

Wilbur Wright starb schon 1912, aber Orville wurde alt. Als er 1948 starb, transportierten Flugzeuge Menschen um die ganze Welt und ein neues Modell war gerade schneller als die Schallgeschwindigkeit geflogen.

1933	1937	1947	1976	1986	2014
Das Passagierflugzeug Boeing 247 absolviert den ersten Flug. Es fasst 10 Passagiere.	Frank Whittle und Hans von Ohain entwickeln unabhängig voneinander Düsentriebwerke.	Chuck Yeager durchbricht mit seinem Flugzeug X-1 die Schallmauer.	Das Überschall-Flugzeug Concorde absolviert seinen ersten Flug mit Passagieren.	Dick Rutan und Jeana Yeager fliegen ohne Zwischenstopp und ohne aufzutanken um die Welt.	Die Entwicklung des Raumflugzeugs Skylon geht weiter. Erste Testflüge sind für 2019 geplant.

BLICK IN DIE FERNE

DIE IDEE	Ein neues Instrument bauen, das die Dinge viel größer zeigt, als sie tatsächlich sind.
PROBLEME Erhielt kein Patent für seine Erfindung; hatte Schwierigkeiten mit der Weiterentwicklung.	**WAS** LINSENFERNROHR **WER** Hans Lippershey **WO** Middelburg, Niederlande **WANN** 1608 **WIE** befestigte zwei Linsen an einer Röhre **WARUM** um Dinge in der Ferne besser sehen zu können
HINTERGRUND	Das Militär war begeistert von Lippersheys Erfindung, weil es damit Feinde beobachten konnte. Später entwickelten Astronomen das Fernrohr weiter, um Himmelskörper zu betrachten.

ERFINDUNG ❶
Beschrieb und baute ein Fernrohr aus Linsen.

LEISTUNG ❷
Seine Pionierleistung legte die Grundlage für verbesserte Versionen des Fernrohrs.

ERFINDUNG ❸
Hat möglicherweise eines der ersten Mikroskope entwickelt.

NAME: Hans Lippershey
GEBOREN: 1570
GESTORBEN: etwa mit 48
NATIONALITÄT: deutsch/niederländisch
BERUF: Brillenmacher
BERÜHMT FÜR: hat als Erster das Fernrohr beschrieben

→ Lippersheys Fernrohr war ein kleines Instrument, das man ans Auge halten konnte. Später wurden Linsenfernrohre leistungsfähiger und größer. Die Illustration zeigt den riesigen Great Lick Refractor aus den 1880er-Jahren.

BLICK IN DIE FERNE

Würde Lippershey verstehen, was sein Sohn da entdeckt hatte?

Im frühen 17. Jahrhundert war Hans Lippershey einer von vielen Brillenmachern in den Niederlanden. Zu dieser Zeit waren Brillen bereits verbreitet. Wir wissen wenig über das Leben von Lippershey, aber es ist sicher, dass ihn das Schleifen von Brillengläsern dazu brachte, ein bemerkenswertes neues Instrument zu entwickeln. Heute nennen wir es Linsenfernrohr. Viele andere Erfinder arbeiteten zur gleichen Zeit an der Entwicklung von Fernrohren, aber Lippershey war der Erste, der das Instrument schriftlich dokumentierte.

Eine Geschichte berichtet davon, dass Lippershey in seinem Geschäft war, als sein Sohn begann, mit den Linsen zu spielen. Der Junge nahm eine konvexe und eine konkave Linse und sah durch beide gleichzeitig. Plötzlich erschien der Kirchturm in der Ferne viel größer. Er rannte los und erzählte seinem Vater von der Beobachtung. Dieser befestigte die Linsen an den beiden Enden einer Röhre und erfand das Fernrohr. Im Oktober 1608 meldete Lippershey seine Erfindung zum Patent an, um sie vor Nachahmern zu schützen. Innerhalb weniger Wochen taten zwei andere Linsenhersteller dasselbe.

↑ Nach außen gewölbte Linsen werden konvex genannt. Sie helfen, die Dinge in der Nähe besser zu sehen. Konkave Linsen sind nach innen gewölbt. Damit sieht man in der Ferne besser.

1. Diese Linse sammelt das Licht.
2. Das Licht wird im Brennpunkt gebündelt.
3. Das Bild wird im Okular, das aus einer weiteren Linse besteht, vergrößert dargestellt.

↑ Beim Linsenfernrohr sammeln die Linsen das Licht.

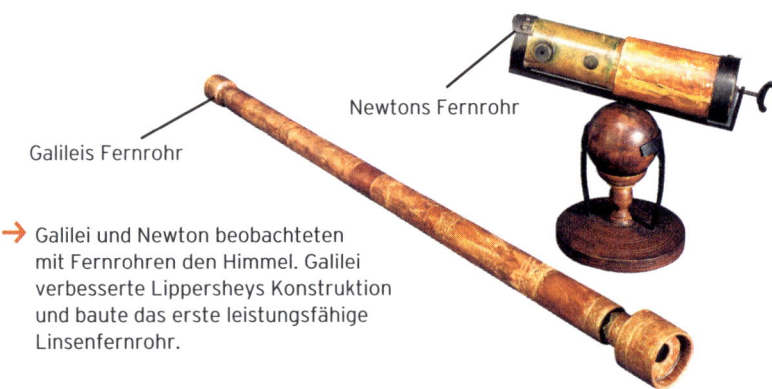

Galileis Fernrohr

Newtons Fernrohr

→ Galilei und Newton beobachteten mit Fernrohren den Himmel. Galilei verbesserte Lippersheys Konstruktion und baute das erste leistungsfähige Linsenfernrohr.

| **Entwicklung des Fernrohrs** Die Zeitleiste zeigt, wie Fernrohre sich über die Jahre verändert haben. Heute nutzen Wissenschaftler keine Linsenfernrohre mehr, bei Hobbyastronomen sind sie aber noch beliebt. | **1608 (2. Oktober)** Hans Lippershey beschreibt das erste Linsenfernrohr. | **1608 (später Okt.)** Die Niederländer Jacob Metius und Zacharias Janssen beschreiben ähnliche Instrumente. | **1609** Galileo Galilei nutzt Lippersheys Ideen, um ein leistungsfähigeres Fernrohr zu bauen. | **1611** Johannes Kepler verbessert Galileis Konstruktion, indem er zwei konvexe Linsen benutzt. |

↑ 2002 begannen die Arbeiten am James-Webb-Weltraumteleskop. Hier prüft ein Wissenschaftler die riesigen Spiegel.

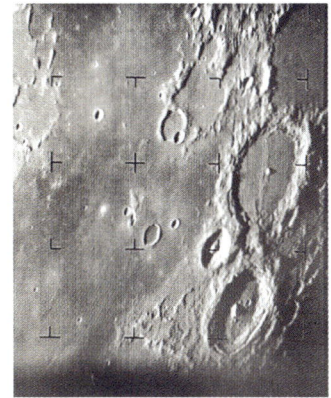

↑ Galilei war der Erste, der den Mond mit einem auf Lippersheys Konstruktion basierenden Fernrohr beobachtete. Heute ist ein Krater auf dem Mond nach Lippershey benannt.

Die niederländische Regierung erkannte das Patent von Lippershey nicht an, weil nicht klar war, wer das Fernrohr erfunden hatte. Aber ein Instrument, das die Dinge in der Ferne besser sichtbar machte, war sehr hilfreich, weil Soldaten auf diese Weise die Feinde ausspähen konnten. Die Regierung bat Lippershey, „Spionage-Fernrohre" herzustellen und zahlte gut. Er lebte daraufhin ein bequemes Leben.

Vielleicht noch wichtiger ist, dass in Italien der Astronom Galileo Galilei über Lippersheys Fernrohr las. Lippersheys Instrument konnte die Dinge nur dreifach vergrößern. Galilei aber baute ein Fernrohr, das 30-fach vergrößern konnte. Damit beobachtete er den Himmel und veränderte unsere Auffassung vom Weltraum für immer. Und das war nur die erste von zahlreichen Entdeckungen, die mit dem Fernrohr gemacht wurden.

↑ Galilei führt sein neues Fernrohr vor. Er nutzte seine Beobachtungen mit dem Fernrohr, um zu beweisen, dass die Sonne und nicht die Erde der Mittelpunkt unseres Sonnensystems ist.

1655	1668	1897	1990	2007	ab 2018
Christiaan Huygens baut das leistungsstärkste Teleskop seiner Zeit.	Isaac Newton baut ein Spiegelteleskop. Es nutzt Spiegel anstelle von Linsen.	Alvan Clark baut das größte und letzte Linsenteleskop für wissenschaftliche Zwecke.	Das Hubble-Weltraumteleskop wird in Betrieb genommen. Es ist ein Reflektorteleskop.	Das weltgrößte auf der Erde angebrachte Reflektorteleskop GTC wird eingeweiht.	Die Weiterentwicklung des James-Webb-Weltraumteleskops ist geplant.

KLANG DES WELTRAUMS

DIE IDEE	›› Die unsichtbaren Radiowellen erforschen, die für Funkverbindungen über weite Strecken genutzt werden.
PROBLEME Viele Stunden sorgfältiger Forschung nötig; konnte das Projekt nicht fortsetzen.	**WAS** VORLÄUFER DES RADIOTELESKOPS **WER** Karl Jansky **WO** New Jersey, USA **WANN** 1933 **WIE** nahm Geräusche auf und analysierte sie **WARUM** um Geräusche zu untersuchen, die den Funkverkehr stören
HINTERGRUND	In den 1930er-Jahren war die drahtlose Kommunikation nicht weit entwickelt. Als Jansky die Übertragung verbessern wollte, machte er eine Entdeckung, die die Weltraumforschung veränderte.

ERFINDUNG ❶ Konstruierte eine gigantische Antenne, um Radiowellen zu empfangen.

LEISTUNG ❷ Inspirierte andere Wissenschaftler, Radioteleskope zu bauen.

ERFINDUNG ❸ Seine Arbeit führte zu vielen neuen Entdeckungen im Weltraum.

NAME: Karl Jansky
GEBOREN: 22.10.1905
GESTORBEN: im Alter von 44
NATIONALITÄT: amerikanisch
BERUF: Rundfunktechniker
BERÜHMT FÜR: empfing Radiowellen aus dem Weltraum und begründete die Radioastronomie

→ Jansky lauscht den Signalen und studiert die Informationen auf dem Ausdruck. Bei seinen Forschungen fand er heraus, dass die Milchstraße Radiowellen aussendet.

KLANG DES WELTRAUMS

❱❱ Wo kam dieses leise Rauschen her? Jansky wollte es herausfinden ...

Im Mai 1933 erschien ein Artikel in der Zeitung New York Times, der großes Erstaunen hervorrief. Er berichtete über ein Geräusch, das aus dem Weltraum kam und bis ins Zentrum unserer Galaxie, die Milchstraße, zurückverfolgt werden konnte. Einige Tage später wurde das seltsame Rauschen live im Radio übertragen. Dieser „Klang der Sterne" wurde vom Rundfunktechniker Karl Jansky eher durch Zufall entdeckt.

Jansky arbeitete für das Unternehmen Bell Telephone Laboratories und sollte Strahlungen untersuchen, die Radioübertragungen oder Telefongespräche stören könnten. Er baute eine Antenne und stellte sie im Kartoffelfeld neben dem Labor auf. Dann machte er Aufnahmen und lauschte. Er begann, die Geräusche zu gruppieren. Jansky entschied, dass viele Klickgeräusche von nahen und fernen Gewittern herrührten, aber da war auch ein ständiges schwaches Rauschen. Nachdem er ein Jahr lang Informationen gesammelt und Berechnungen angestellt hatte, stellte er fest, dass es aus der Milchstraße kam. Er fand den Beweis, dass unsere Galaxie Radiowellen ausstrahlt.

↑ Die Milchstraße ist unsere Galaxie. Sie umfasst die Planeten, darunter die Erde, die Sonne und Billionen andere Sterne. Auf der Erde erscheint die Milchstraße als zart leuchtendes Band am Himmel.

↑ Vier Jahre nachdem Jansky seine Antenne gebaut hatte, führte der Astronom Grote Reber dessen Forschungen fort und baute ein Radioteleskop. Das war der Beginn der Radioastronomie.

Grote Reber sagte:
„Mir war klar, dass Jansky eine fundamentale und sehr wichtige Entdeckung gemacht hat."

↑ Janskys Antenne hatte Räder, sodass sie im Kreis bewegt werden konnte. Andere Ingenieure nannten sie spaßeshalber Janskys Karussell.

WELTRAUM

↑ Radioteleskope werden in Gruppen eingesetzt, um Signale zu empfangen. Diese Gruppe in New Mexico heißt zu Ehren des Forschers Karl G. Jansky Very Large Array.

Jansky wollte seine Forschungen fortsetzen und schlug vor, eine empfindliche Parabolantenne zu bauen, ähnlich dem modernen Radioteleskop. Aber seine Entdeckung hatte keinen Nutzen für die Radioübertragung und Telefonkommunikation, sodass das Projekt beendet wurde. Er wandte sich anderen Forschungen zu und starb 1950 im Alter von 44 Jahren. Es war anderen Wissenschaftlern überlassen, seine Arbeit fortzuführen.

In den späten 1950er-Jahren hörten Radioteleskope den Weltraum ab und Radioastronomie war eine eigene Wissenschaft geworden. Das Radioteleskop ermöglichte bemerkenswerte Entdeckungen, etwa die von zuvor unbekannten Objekten, wie Pulsaren und Quasaren. Mit Radioteleskopen finden wir etwas über die Entstehung und das Verschwinden von Sternen heraus, beginnen schwarze Löcher zu verstehen und erfahren etwas über den Ursprung des Universums.

← Dies ist der Krebsnebel, eine Wolke aus Staub und Gas in der Milchstraße. In seinem Zentrum befindet sich ein pulsierender Stern, ein Pulsar. Jocelyn Bell entdeckte den ersten Pulsar 1967.

EXTRA

IST DA JEMAND?

Wissenschaftler versuchen herauszufinden, ob es im Weltraum intelligentes Leben gibt.

Von 1973 bis 1995 horchte ein riesiges Radioteleskop mit dem Spitznamen **„Big Ear"** im Rahmen des Forschungsprojektes SETI nach Signalen außerirdischer Intelligenz.

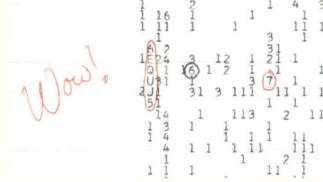

1977 nahm ein Astronom ein 72 Sekunden langes Signal auf, das als **WOW!-Signal** bekannt wurde. Niemand weiß, was dieses Signal verursachte.

Heute wird das **SETI-Projekt** fortgesetzt. Radioteleskope haben Nachrichten als Antwort auf das WOW!-Signal gesendet, während Tag und Nacht auf weitere Signale aus dem All gewartet wird.

AUFBRUCH INS ALL

DIE IDEE	» Die weltgrößte Rakete bauen, mit der Astronauten zum Mond fliegen können.
PROBLEME Brauchte über drei Millionen Teile; sehr teuer; Wettrennen mit einer anderen Nation.	**WAS** RAKETE SATURN V **WER** Wernher von Braun **WO** Alabama, USA **WANN** 1958 bis 1969 **WIE** führte ein Team aus Ingenieuren und Wissenschaftlern **WARUM** wollte als Erster auf dem Mond landen
HINTERGRUND	In den 1950er-Jahren begann das Rennen um die Erkundung des Weltraums. Die Sowjetunion schickte den ersten Menschen ins All. Die USA antworteten mit der Mondlandung.

ERFINDUNG ❶
Konstruierte die Rakete Saturn V, mit der die Astronauten der USA zum Mond flogen.

ERFINDUNG ❷
Entwickelte die Rakete V2, die Deutschland im Zweiten Weltkrieg als tödliche Waffe benutzte.

LEISTUNG ❸
Stärkte den Glauben, dass in der Raumfahrt vieles möglich ist.

NAME: Wernher von Braun
GEBOREN: 23.3.1912
GESTORBEN: im Alter von 65
NATIONALITÄT: deutsch
BERUF: Raketeningenieur
BERÜHMT FÜR: baute die Rakete Saturn V und half den USA, den Wettlauf ins All zu gewinnen

→ Die Rakete Saturn V war von Brauns größte Leistung. Sie gilt heute noch als eine der leistungsstärksten Raketen. Sie war höher als ein 36-stöckiges Gebäude.

AUFBRUCH INS ALL

↑ Von Braun entwickelte in den 1920er-Jahren die tödliche Rakete V2 für die deutschen Streitkräfte. Im Zweiten Weltkrieg wurden mehr als 3.000 V2-Raketen auf die Gegner gefeuert.

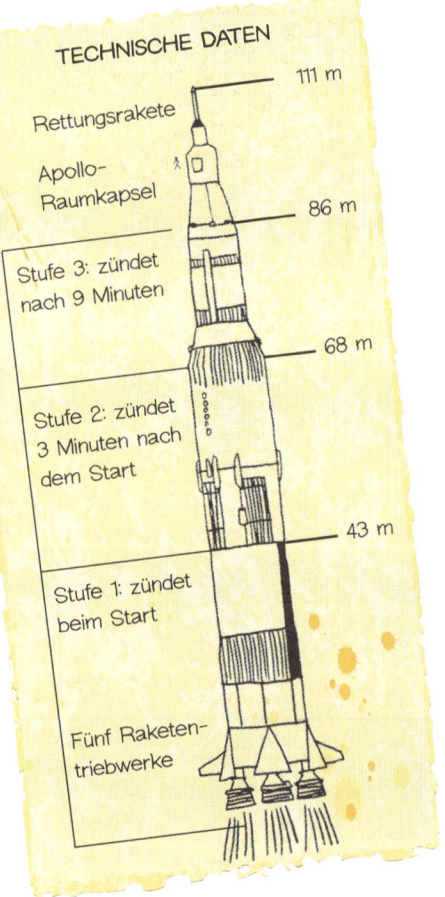

TECHNISCHE DATEN
- Rettungsrakete
- Apollo-Raumkapsel — 111 m
- Stufe 3: zündet nach 9 Minuten — 86 m
- Stufe 2: zündet 3 Minuten nach dem Start — 68 m
- Stufe 1: zündet beim Start — 43 m
- Fünf Raketentriebwerke

↑ Die Rakete Saturn V bestand aus drei verschiedenen Stufen. Jede Stufe hatte einen Motor und einen Tank. Wenn der Treibstoff verbraucht war, fielen die Stufen ab.

▶ Die Rakete Saturn V war ein technisches Wunderwerk. Aber war sie sicher?

↑ Von Braun spricht mit seinen Kollegen im Marshall Space Centre. Hier machte er mit seinem Team die meisten Forschungen.

Am 16.7.1969 saßen drei amerikanische Astronauten in der beengten Apollo-Raumkapsel auf der Spitze der gigantischen Rakete Saturn V. Jeden Augenblick sollten sie zum Mond starten. Wenn sie dort ankämen, wären sie die ersten Menschen, die jemals über seine staubige Oberfläche spaziert sind. Die ganze Welt sah zu und hielt den Atem an. Die hoch aufragende Metallröhre war mit 3,5 Millionen Litern tödlichem Flüssigbrennstoff gefüllt. Würde die Rakete starten oder in einem Feuerball explodieren?

Wernher von Braun und sein Team hatten über zehn Jahre gebraucht, um an diesen Punkt zu kommen. Während des Zweiten Weltkriegs war von Braun Raketenentwickler in Deutschland. Danach arbeitete er für die USA, erst baute er Militärraketen, später wechselte er zur Raumfahrt. Sein Team entwickelte zahlreiche Raketen des Typs Saturn mit dem Ziel, auf dem Mond zu landen. Die ersten Raketen waren kleiner und wurden für Tests benutzt. Als Saturn V fertig war, wog sie 2,8 Millionen Kilogramm, so viel wie eine Herde mit 400 Elefanten!

Die Apollo-Mission war ein riesiger Erfolg. Am 20.7.1969 landeten Neil Armstrong und Buzz Aldrin auf dem Mond, während Michael Collins von der Mondumlaufbahn aus zusah. Von 1969 bis 1972 startete Saturn V sechs Mal und brachte insgesamt zwölf Menschen zum Mond. 1973, bei ihrer letzten Mission, brachte sie die Raumstation Skylab in die Umlaufbahn.

↑ Der Astronaut Buzz Aldrin steht auf dem Mond neben der Flagge der USA.

Seit seiner Kindheit war Wernher von Braun von Raketen begeistert. Seine ersten Konstruktionen wurden als Waffen verwendet. Sie waren großartige Ingenieursleistungen, aber sie töteten Menschen. Später wandte er sich der Raumfahrt zu, ebenfalls eine Leidenschaft seiner Kindheit. So wurde er der Erbauer der wahrscheinlich einflussreichsten Rakete aller Zeiten. Von Braun träumte auch davon, eine kreisförmige Raumstation über der Erde zu bauen. Auch wenn ihm das nicht gelungen ist, so leben dennoch heute Menschen auf der Internationalen Raumstation.

Die Internationale Raumstation umkreist die Erde Tag und Nacht.

EXTRA

WETTLAUF INS ALL

In der Sowjetunion entwickelten Ingenieure ihre eigene geheime Raumfahrttechnologie.

Während der 1950er- und 60er-Jahre war **Sergej Koroljow** der führende Kopf hinter dem Raumfahrtprogramm.

1957 schoss Koroljow mit **Sputnik 1** das erste Objekt in den Weltraum und überraschte die USA. Es folgte das erste Lebewesen, der Hund Laika, und dann der erste Mensch, Juri Gagarin.

Koroljow entwickelte auch die Rakete **Sojus**, moderne Versionen davon werden bis heute eingesetzt. 1975 endete der Wettlauf ins All, als sich ein sowjetischer Kosmonaut und ein amerikanischer Astronaut im Weltraum die Hände schüttelten.

INSPIRIERENDE ERFINDUNGEN

Die Menschen erfinden ständig neue Dinge. Manche Erfindungen verändern die Welt! Es ist unmöglich, alle Erfindungen in einem einzigen Buch zu zeigen, aber hier findest du noch einige weitere bemerkenswerte Leistungen.

ZUFÄLLIGE ERFINDUNGEN

Nicht alle Erfindungen beruhen auf umfassender Forschung. Manchmal bringt ein Fehler oder Zufall neue Ideen.

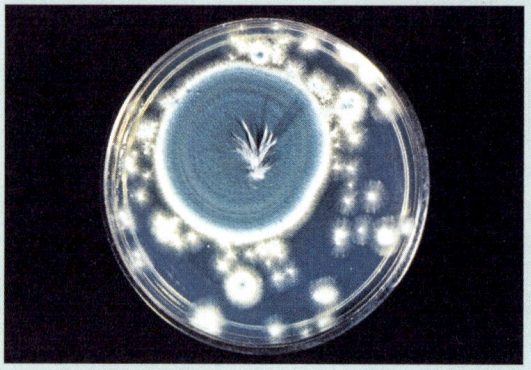

WAS **PENIZILLIN**
WER Alexander Fleming
1929 bemerkte Fleming, dass eine Probe von den Sporen eines Schimmelpilzes befallen worden war, der Bakterien tötete. Damit hatte er das erste Antibiotikum entdeckt.

WAS **CORNFLAKES**
WER Will Kellogg
1895 wurde Kellogg beim Backen unterbrochen. Als er später versuchte, einen Teig zu rühren, entstanden Flocken, die er trocknete. Das Gleiche versuchte er mit Mais. So erfand er die Cornflakes.

WAS **MIKROWELLENHERD**
WER Percy Spencer
Spencer forschte in den 1940ern mit Mikrowellen. Als ein Schokoriegel in seiner Tasche schmolz, verstand er, dass diese Strahlen Lebensmittel erhitzen konnten.

WAS **KLETTVERSCHLUSS**
WER Georges de Mestral
1948 hatte de Mestral die Idee zum Klettverschluss, weil er Kletten im Fell seines Hundes gesehen hatte. Er untersuchte sie und entwickelte ein entsprechendes Material.

ERFINDUNGEN VON TEENAGERN

Junge Menschen können genauso wie erfahrene Wissenschaftler und Ingenieure zu Erfindern werden!

WAS **TRAMPOLIN**
WER George Nissen
1936 war Nissen ein 16 Jahre alter ehrgeiziger Turner. Im Zirkus sah er, wie die Artisten am Ende ihres Auftritts ins federnde Sicherheitsnetz sprangen. Das inspirierte ihn dazu, das Trampolin zu erfinden.

WAS **BLISSYMBOL-DRUCKER**
WER Rachel Zimmerman
In den 1980er-Jahren entwickelte die Schülerin Zimmerman ein Computerprogramm, das es Menschen, die nicht sprechen können, ermöglichte, E-Mails zu verschicken.

WAS **WINDSURFEN**
WER Peter Chilvers
Als Kind liebte Chilvers den Wassersport. 1958 befestigte er ein Segel an seinem Surfbrett und erfand das Windsurfen. Er war damals 12 Jahre alt.

WAS **BLINDENSCHRIFT**
WER Louis Braille
Als er 15 Jahre alt war, entwickelte Braille ein System von aus dem Papier heraustretenden Punkten, anhand derer Blinde lesen können. Es wurde 1824 erfunden und ist bis heute in Benutzung.

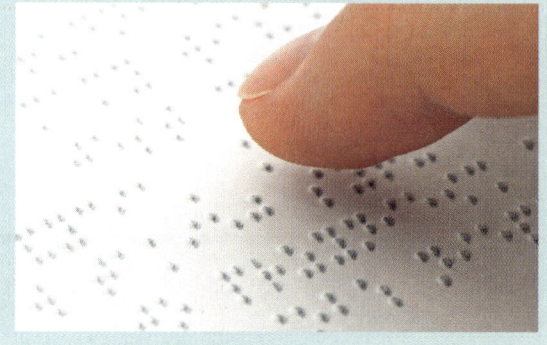

ERFINDUNGEN VON FRAUEN

Früher hatten Frauen weniger Gelegenheit, Erfinderinnen und Wissenschaftlerinnen zu werden. Das hat sich inzwischen geändert.

WAS **LASERPHACO**
WER Patricia E. Bath

1981 entwickelte Bath den Laserphaco, der zur Behandlung der Augenkrankheit grauer Star benutzt wird. Ihre Erfindung rettete vielen Menschen das Augenlicht.

WAS **KREISSÄGE**
WER Tabitha Babbitt

Babbitt gehörte einer Religionsgemeinschaft an, die ihre eigenen Möbel herstellte. 1813 erfand sie eine Säge mit einem sich drehenden Sägeblatt. So konnte Holz einfacher zersägt werden. Die Kreissäge wird bis heute verwendet.

WAS **PROGRAMMIERSPRACHE COBOL**
WER Grace Murray Hopper

Hopper spielte eine wichtige Rolle bei der Entwicklung der Programmiersprache Cobol zwischen 1959 und 1961.

WAS **SCHEIBENWISCHER**
WER Mary Anderson

1903 meldete Anderson eine Technik zur automatischen Reinigung von Autoscheiben zum Patent an. Sie wurde zu der Erfindung angeregt, als sie eine Straßenbahn im Eisregen mit offener Scheibe fahren sah.

WAS **GEOBOND**
WER Patricia Billings

Geobond ist ein praktisch unzerstörbares Material. Billings, eine Bildhauerin, erfand es in den 1970er-Jahren, als eines ihrer Kunstwerke kaputt ging.

UNGEWÖHNLICHE ERFINDUNGEN

Manche Erfindungen erscheinen auf den ersten Blick merkwürdig, aber sie könnten zu besseren Ideen führen.

WAS **RADIOHUT**
WER Victor Hoeflich

Bevor tragbare Radios, Kopfhörer und MP3-Player auf den Markt kamen, gab es den Radiohut. Das war ein Helm aus Metall, mit dem man unterwegs Radio hören konnte. Er war eine kurze Zeit lang erfolgreich.

WAS **WASSERFAHRRAD**
WER Mohammed Saidullah

1975 befestigte der indische Erfinder Saidullah Schwimmkörper und propellerartige Schaufeln an seinem Fahrrad, sodass es im Wasser und an Land fahren konnte.

WAS **MOTORISIERTES EINRAD**
WER M. Goventosa

Seit den 1860er-Jahren wurde mit einrädrigen Motorrädern experimentiert. Diese Version aus den 1930er-Jahren stammt vom Erfinder Goventosa.

WAS **ITER-AUTO-NAVIGATION**
WER unbekannt

Das italienische Iter-Auto-Navigationssystem stammt aus der Zeit vor der Satellitennavigation. Entwickelt in den 1930er-Jahren, befestigte man es am Armaturenbrett und konnte damit eine Karte hoch- und runterbewegen.

WAS **SINCLAIR C5**
WER Clive Sinclair

Der Sinclair C5 kam 1985 heraus und war ein elektrisches Fahrzeug für eine Person. Damals war es ein Flop. Inzwischen sind elektrische Autos populärer.

GLOSSAR

Alliierte Streitkräfte
Der Zusammenschluss der Gegner von Deutschland im Zweiten Weltkrieg, darunter Großbritannien, die USA und die Sowjetunion.

Antibiotikum
Ein Medikament, das genutzt wird, um Bakterien abzutöten.

Astronom
Eine Person, die den Weltraum erforscht.

Browser
Eine Software, mit der man Webseiten anzeigen kann, zum Beispiel Firefox.

Carbon
Ein kohlefaserverstärkter, besonders fester Kunststoff.

Chemikalie
Ein fester, flüssiger oder gasförmiger reiner Stoff oder ein Gemisch.

Elektrizität
Bezeichnet alle Phänomene, die durch elektrische Ladungen verursacht werden, darunter auch der elektrische Strom. Ein Blitzschlag ist auch eine Form der Elektrizität.

Empfänger
Ein Gerät, zum Beispiel ein Fernseher, das Funksignale empfangen kann.

Flaschenzug
Ein Rad, um das ein Seil gelegt wurde. Wird benutzt, um schwere Dinge leichter anheben zu können.

Galaxie
Eine riesige Gruppe von Sternen, Staub und Gas im Weltraum. Unsere Galaxie ist die Milchstraße, mit unserem Sonnensystem und Billionen anderen Sternen.

Generator
Eine Maschine, die Strom oder andere Energieformen produziert.

Glühfaden
Ein dünner Faden oder Draht in der Glühbirne, der leuchtet und heiß wird, wenn Strom hindurchfließt.

Hebel
Meist ein Stab an einem Angelpunkt, der es erleichtert, schwere Gegenstände zu bewegen.

Humanoid
So nennt man eine Maschine, die einem Menschen ähnlich sieht, zum Beispiel einen Roboter.

Kolben
Eine Scheibe, die sich in einem Zylinder auf und ab bewegt, um eine Maschine anzutreiben.

Kondensator
Eine Vorrichtung, die Gas oder Dampf meist durch Kühlung in eine flüssige Substanz umwandelt, etwa Wasserdampf in Wasser.

Kosmonaut
Ein russischer Raumfahrer.

Künstliche Intelligenz
Ein Bereich der Computerforschung, der versucht, Computern intelligentes, menschliches Verhalten beizubringen.

Kurbel
Ein Stab mit einem Griff, der gedreht wird, um etwas zu bewegen.

Kurbelwelle
Eine Stange, die eine Auf- und Abwärtsbewegung in eine kreisförmige Bewegung umwandelt, zum Beispiel um ein Rad zu drehen.

Linse
Ein durchsichtiges Element aus Glas oder Kunststoff mit einer gekrümmten Oberfläche. Wenn man hindurchschaut, sehen Objekte kleiner oder größer aus.

Neonlicht
Das helle Licht einer röhrenförmigen Lampe mit glühendem Gas im Inneren.

Patent
Ein Dokument der Regierung, das dem Erfinder allein für einen bestimmten Zeitraum das Recht gibt, ein Produkt herzustellen und zu verkaufen.

Pulsar
Eine Art von Stern, der in regelmäßigen Abständen Radiowellen aussendet.

Radioastronomie
Die Wissenschaft, die Objekte im Weltraum erforscht, die Radiowellen aussenden.

Radiowellen
Elektromagnetische Wellen, die sich durch die Luft fortbewegen. Sie werden auf natürliche Weise durch Blitzschlag oder Objekte im Weltraum verursacht oder vom Menschen künstlich hergestellt.

Raumstation
Ein Raumflugkörper, auf dem Menschen längere Zeit leben und arbeiten können, wie etwa die Internationale Raumstation.

Satellit
Ein Objekt, das in die Erdumlaufbahn gebracht wird, Informationen sammelt und diese an die Erde sendet.

Saugpumpe
Kann Flüssigkeit durch einen Schlauch saugen.

Sender
Ein Gerät, das Radio- oder Fernsehsignale senden kann.

Sonnensystem
Dazu gehören die Sonne und alle Objekte, die sie umkreisen, darunter die Erde und alle anderen Planeten.

Sowjetunion
Ein inzwischen aufgelöster Zusammenschluss von 14 Ländern, darunter Russland.

Telegrafie
Ein System zur Übermittlung von codierten Nachrichten, die mithilfe von elektrischen Leitungen übertragen werden.

Überschallgeschwindigkeit
Ist schneller als die Geschwindigkeit von Schall.

Volumen
Der Rauminhalt eines Objekts.

Wechselstrom
Diese Art von Strom versorgt unsere Haushalte.

Zahnrad
Ein Rad mit an der Außenseite gleichmäßig verteilten Zähnen. Zwei Zahnräder greifen ineinander, um Bewegung zu übertragen.

Zelluloid
Ein Kunststoff, der früher als Filmmaterial verwendet wurde.

Zündung
Eine Vorrichtung, die elektrische Funken produziert, um den Treibstoff in einem Motor zu verbrennen.

Zylinder
Ein röhrenförmiger Körper, meist Bestandteil einer Maschine.

REGISTER

Abakus 6
al-Dschazari 7, 16-19
Anderson, Mary 93
Antenne 7, 84-87
Antikes Griechenland 6, 8-11
Archimedische Schraube 6, 8-11, 23
Archimedes 6, 8-11
Astronauten 6, 19, 53, 69, 88-91
Astronomie 6, 12, 83, 84-87
Auto 6, 19, 25, 66, 68, 69, 70-73, 93

Babbitt, Tabitha 93
Baird, John Logie 7, 42-45
Bath, Patricia E. 93
Bell, Alexander Graham 7, 30-33, 60, 84, 86
Benz, Carl und Bertha 6, 70-73
Berners-Lee, Tim 7, 50-53
Billings, Patricia 93
Blissymbol-Drucker 92
Blitzableiter 6
Braille, Louis 92
Braun, Wernher von 88-91
Buch 6, 16, 18, 26-29

Chilvers, Peter 92
China 6, 7, 12-15
Cobol (Programmiersprache) 93
Computer 6, 46-49, 50-53, 93
Cornflakes 92

Dampflokomotive 7, 56, 57, 70
Dampfmaschine 6, 19, 54-57, 77
Deutschland 26-29, 70-73, 80, 88-91
DNA-Toolkit 7
Druckerpresse 6, 26-29

Edison, Thomas 7, 33, 36, 37, 58-61, 62
Einrad 93
Elefantenuhr 7, 16-19
Elektrizität 7, 32, 40, 45, 58-61, 62-65, 93
Enigma-Maschine 46-49
Erfinder (Teenager) 92

Fernrohr 6, 7, 80-83, 84, 87
Fernseher 7, 42-45, 52
Feuerfestes Material 6, 68, 69, 93
Fleming, Alexander 92
Flugmaschinen 7, 20-25, 74-79
Flugzeug 7, 24, 25, 74-79, 93
Franklin, Benjamin 6
Frankreich 34-37
Frauen 6, 49, 66-69, 78, 70-73, 87, 92, 93

Galilei, Galileo 6, 82, 83
Geobond 93
Glühbirne 7, 58-61
Goventosa, M. 93
Gray, Elisha 7, 30-33
Großbritannien 33, 38, 40, 41, 42-45, 46-49, 50-53, 54-57, 92
Gutenberg, Johannes 6, 26-29

Hebel 6, 8, 10, 19, 23
Heißluftballon 7, 77
Heng, Zhang 7, 12-15
Hoeflich, Victor 93
Hopper, Grace Murray 93
Hubschrauber 20-25, 76

Internet 36, 40, 50, 52, 53
Italien 8, 20-25, 38-41, 83
Iter-Auto-Navigationssystem 93

Jansky, Karl 7, 84-87

Kamera 6, 7, 34, 36, 37
Kellogg, Will 92
Kevlar 6, 66-69
Kinematograph 34-37
Kino 6, 34-37, 42, 61
Klettverschluss 92
Kompass 6, 15
Kreissäge 93
Krieg 6, 8, 11, 25, 46-49, 88, 90
Kugelsichere Kleidung 6, 66, 68
Kunst und Poesie 12, 16, 22, 93
Kwolek, Stephanie 6, 66-69

Laserphaco 93
Lippershey, Hans 6, 80-83
Lumière, Louis und Auguste 6, 34-37

Marconi, Guglielmo 6, 36-39, 65
Maschine 6, 7, 8-11, 12-15, 16-19, 20-25, 26-29, 30-33, 34-37, 42-45, 46-49, 54-57, 58, 61, 62-65, 69, 70-73, 74-79
Mathematik 6, 8, 10, 12, 14, 46-49, 50
Menschlicher Körper 7, 20, 92, 93
Mestral, Georges de 92
Mikrowellenherd 92
Mobiltelefon 7, 33, 52, 68
Montgolfier (Brüder) 7, 77

Niederlande 10, 80-83
Nissen, George 92

Ornithopter 20-25

Papier 7, 22, 26-29, 54
Patent 32, 33, 82, 83
Penizillin 92
Perotto, Pier Giorgio 6
Phonograph 58, 61
PillCam 7

Radiohut 93
Rakete 6, 88-91
Roboter 16, 19, 22, 49

Saidullah, Mohammed 93
Saturn V (Rakete) 6, 88-91
Scheibenwischer 93
Schießpulver 7, 15
Seismoskop 7, 12-15
Serbien 62
Sinclair C5 93
Sinclair, Clive 93
Spencer, Percy 92
Stephenson, George und Robert 7

Telefon 7, 30-33, 60, 84, 86, 87
Telegrafie 6, 30, 32, 38-41
Telegrafie, drahtlos 6, 38-41
Tesla-Transformator 62-65
Tesla, Nikola 62-65
Toumazou, Chris 7
Trampolin 92
Turing, Alan 6, 46-49
Turing-Bombe 6, 46-49

Uhr 7, 14, 16-19
USA 7, 30-33, 41, 49, 50, 53, 93, 57, 58-61, 62, 64, 65, 66-69, 74-79, 84-87, 88, 90, 91

Vinci, Leonardo da 7, 20-25

Waffen 7, 11, 15, 88, 91
Wasser 6, 7, 8, 10, 11, 14, 16, 18, 19, 25, 36, 54, 56, 57, 64, 73, 92, 93
Wasserfahrrad 93
Watt, James 54-57
Weltraum 6, 7, 45, 53, 69, 79, 80, 83, 84-87, 88-91
Windsurfen 92
World Wide Web 7, 50-53
Wright Flyer 74-79
Wright, Orville und Wilbur 7, 25, 74-79

Zimmerman, Rachel 92

a = über, b = unter, c = Mitte, l = links, r = rechts

agefotostock: World History Archive 11bl, 32ar, 40cl; akg-images: Erich Lessing 29bl, Walter Limot 35; Alamy: © George Blosky 41al, © Frank Fichtmueller 87al, Pictorial Press Ltd 41cr, RIA Novosti 91ar, © SCPhotos 67, World History Archive 61al; Archives of the Otto Lilienthal Museum, Anklam, Germany 77cr; The Art Archive: British Library 25cr, CCI/Private Collection 75, Gianni Dagli Orti/Topkapi Museum Istanbul 18br, 19l, 19cr, Collection IM/Kharbine-Tapabor 78r; Photo Garrett Coakley 47; U.S. National Archives and Records Administration, College Park, MD 32bl; Corbis: © Bettmann 55, 85, Stefano Bianchetti 4br, 31, 63, © Andrew Gombert/epa 65al, © Alan Graf/cultura 29br, HO/Reuters 69al, © Reuters 15al, Sygma 37br, 68br (© Bernard Annebicque), © Zhang Chi/Xinhua Press 15br; Photo Gary Crutchley 57al; Dreamstime: © Andreypopov 53ar, Tudor Antonel Adrian 44bl, © Claudiodivizia 22bl, © Dallasphotography 65br, © Discovod 52br, © Fuyi 15ar, © Geargodz 65ar, © Andreas Gutmann 15cr, © Icholakov 79ar, © Ilfede 53cr, © Jarin13 93l, © Jdazuelos 73br, © Jeeaachen 14br, © Johnypan 65bl, © Kampolg 65cl, © Kviktor 45bl, © Dimitar Marinov 12cr, © Martellostudio 64bl, © Rjmiz 68bl, © Sqback 92br, © Vandenborre 23l, © Vladvolk 69br, © Ykumsri 86al; Photo courtesy of DuPont © 2014 4ar, 68al; Photo Nick Efford 49bl; Uffizi, Florence 11br; Photo Peter Bassett/Fotolibra 87ar; Photo Abigail Gawith 10bl; Getty Images: Fabrice Coffrini/AFP 24al, CNAM, Conservatoire National des Arts et Metiers, Paris/Bridgeman Images 77br, Hulton Archive 36bl, Tish Wells/MCT 22r, Andreas Rentz 50r, Tristan Savatier/Moment 69ar, Photo by Philippe Petit/Paris Match 53al, Ann Ronan Pictures/Print Collector 10bl, Catrina Genovese/WireImage 51; Hagley Museum and Library, Wilmington, DE 66r; North American Astrophysical Observatory (NAAPO), Hilliard, OH 87cr; Courtesy Honda Motor Europe 49br; © Mordolff /iStockphoto.com 64al; British Library, London 28al, 29ar; British Museum, London 25ar; Wellcome Library, London 8r, 54r, 58r, 65cr; Mary Evans Picture Library: 80r, 83br, Everett Collection 82al, © Illustrated London News Ltd 43, Photo Researchers 81; Courtesy Mercedes-Benz Classic Archive & Sammlung 70r, 71, 72al, 72br, 73al, 73ar, 73cr; Lewis H. Latimer Papers, Archives, The Queens Borough Public Library, New York 60bl; NASA: 4bc, 19br, 53br, 83ar, 89, 91al, 91bl, J. Hester et al/ASU (X-ray image CXC, optical image HST) 87bl, Bill Ingalis 91br, Marshall Space Flight Center 88r, David Higginbotham /MSFC 83al; NRAO/AUI/NSF 84r, 86bl, 86br; Photo Shaun Osborne 2, 48bl; Louvre, Paris 22al; Pictures From History 14al; Private Collection 91cr; Courtesy Reaction Engines Ltd 79br; Google/Rex 53bl; Photo Ann Ronan/Heritage Images/Scala, Florence 11ar; Science Photo Library: 13, Christian Jegou Publiphoto Diffusion 21, NYPL/Science Source 17, Sheila Terry 24br; Science & Society Picture Library: Bletchley Park Trust 49al, National Media Museum 34l, 34r, 36al, 36br, 45ar, Daily Herald Archive/NMEM 44ar, National Museum of Photography, Film & Television 45cr, NPG 46r, NRM/Pictorial Collection 57ar, 57br, Science Museum 40br, 44al, 3ar, 3br, 4bl, 10cr, 19ar, 23br, 33bl, 33br, 39 (Courtesy SJP Business Media), 45br, 48br, 49ar, 52al, 56al, 56br, 60al, 61ar, 76al, 82br, 90al, Universal History Archive/UIG 4al, 59, 90ar; © Seth Shostak, SETI Institute, CA 87br; Nationaal Archief/Spaarnestad Photo 93r; Cabinet des Éstampes et des Dessins, Strasbourg 26r; Superstock: DeAgostini 25br; Universal Images Group 3al, 9, 18bl; Clipart courtesy Florida Center for Instructional Technology, Tampa, FL (etc.usf.edu/clipart/) 11cr; Courtesy Tesla Wardenclyffe Project 64br; Topfoto: CSPA/Actionplus 25al, The Granger Collection 24bl; Biblioteca Reale, Turin 20r; Courtesy Kris Walter, Radio-Antiks (radio-antiks.com) 41bl; Prints and Photographs Division, Library of Congress, Washington, D.C.: 30c (LC-USZ62-14759), 38r (LC-USZ62-121714), 41ar (LC-USZC4-7507), 61cr (LC-USZC4-1297), 79al (LC-USZ61-473); Bain Collection 42r (LC-DIG-ggbain-25629), 62r (LC-DIG-ggbain-04851); Wright Brothers Collection 74l (LC-DIG-ppmsc-06102), 74r (LC-DIG-ppprs-00683), 76ar (LC-DIG-ppmsca-08389), 76bl (Manuscript Division, LC-MSS-46706-5), 77l (LC-DIG-ppprs-00611); Wellcome Images 92al. All other artworks Kavel Rafferty © Thames & Hudson.

Auf der Titelseite:
Vorderseite oben und Rücken: Drawing of the Incandescent Light Bulb (detail) by Thomas Edison, 1880. Foto: United States National Archives and Records Administration, College Park, Maryland.
Vorderseite oben links: Wright Brothers' aeroplane c. 1905. Foto: NMPFT/Daily Herald Archive/Science and Society Picture Library.
Vorderseite oben rechts: Experiments with Mirrors and the Sun's Rays (details from book illustration).
Foto: Science Museum/Science and Society Picture Library.
Rückseite: Postcard advertising the Cinoscope, 1920–29. Foto: Collection IM/Kharbine-Tapabor/The Art Archive.

Published by arrangement with Thames & Hudson, London.
Thames & Hudson Ltd, 181A High Holborn, London WC1V 7QX

Copyright © 2015 Thames & Hudson Ltd, London

Titel der Originalausgabe: GENIUS!

Designed by Karen Wilks
Edited by Sue Grabham
Consultant Jane Insley

This edition first published in Germany 2015 by moses. Verlag GmbH, Kempen.
German edition © moses. Verlag

Übersetzung aus dem Englischen: Tim Schönemann
Lektorat und Satz: Tim Schönemann. Produktentwicklung für Verlage, München
Produktmanagement: Julia Rensmann, Theresa Scholz

ISBN 978-3-89777-827-6

Alle Rechte vorbehalten. Die Reproduktion, Speicherung und Verbreitung dieses Buches mit Hilfe elektronischer oder mechanischer Mittel ist nur mit Genehmigung des Verlages möglich. Auch eine auszugsweise Veröffentlichung außerhalb der Grenzen des Urheberrechts bedarf der schriftlichen Zustimmung des Verlages.

Printed and bound in China by Everbest Printing Co. Ltd.